문학과지성 시인선 **399**

언제나
너무 많은 비들

이수명 시집

문학과지성사

문학과지성사에서 펴낸 이수명의 시집

고양이 비디오를 보는 고양이(2004)
마치(2014)
왜가리는 왜가리놀이를 한다(2015, 시인선 R)
물류창고(2018)
도시가스(2022)

문학과지성 시인선 399
언제나 너무 많은 비들

초판 1쇄 발행 2011년 9월 5일
초판 8쇄 발행 2024년 6월 11일

지 은 이 이수명
펴 낸 이 이광호
펴 낸 곳 ㈜문학과지성사
등록번호 제1993-000098호
주   소 04034 서울 마포구 잔다리로7길 18(서교동 377-20)
전   화 02)338-7224
팩   스 02)323-4180(편집) 02)338-7221(영업)
전자우편 moonji@moonji.com
홈페이지 www.moonji.com

ⓒ 이수명, 2011. Printed in Seoul, Korea

ISBN 978-89-320-2233-8 03810

이 책의 판권은 지은이와 ㈜문학과지성사에 있습니다.
양측의 서면 동의 없는 무단 전재 및 복제를 금합니다.

지은이는 2009년 한국문화예술위원회가 지원한 창작지원금을 수혜했습니다.

문학과지성 시인선 399
언제나 너무 많은 비들
이수명

2011

시인의 말

선과 손이 뒤섞인다.
선이 손을 넘고

손이 선을 넘는다.

2011년 9월
이수명

언제나 너무 많은 비들

차례

시인의 말

제1부

새를 전개하다　11
창문이 비추고 있는 것　12
발음 연습　14
비인칭 그래프　16
의인화　18
나무의 나머지　19
일시적인 모서리　20
비의 연산　22
계단이 존재하는 곳　24
어항이 우리를 표시할 때　25
밤의 후렴구　26
흘러내리는 얼굴　27
당신의 토템　28
8월의 아침　30
왼쪽 비는 내리고 오른쪽 비는 내리지 않는다　32
이동하는 거미의 경우　34
내가 손을 흔들기 일쑤인 것은　36
가시　37

원리의 선택　38
일요일과 초과　40
그의 기호학적 의미　42
나의 부드러운 현존　43
어느 날　44
순간이 무성해진다　45
네가 물처럼 될 때　46
고양이 이후　47

제2부

대위법　51
마당 옮기기　52
일요일의 아침 식사　54
유리병　56
풀　57
풀이 쏟아진다　58
보법　60
손바닥 던지기　62
어떤 소매　64
아침이 가기 전에　66
또 다른 목소리　68
몽타주가 된다는 것　70
비동시적 복도　72
어떤 소용돌이　73
식사의 예절　74

나무의 자전　76
잠의 선율　78
나는 너의 시체를 가지고 있다　80
공간의 이해　82
검은 불 붉은 불　84
오려진 사람　86
미나리과에 속하는 법　88
나는 발생하지 않은 채로 지속된다　90
줄넘기　92

제3부

달의 그림자　97
달의 도처에서 달은 망설인다　98
손을 옮기며　99
불가능한 벽　100
발의 습작　102
너의 종이　104
나무를 따라간다　106
검은콩 모티프　108
목걸이　110
일종의 형이상학　112
물고기를 놀라게 하지 않기 위하여　114
사과의 조건　115
사과의 환(幻)　116
물고기는 어디에　118

물고기의 기원 120
토르소 122
그 집에는 124
시각의 완성 125

해설 | 잠재적인 것과 해방적인 것 · 신형철 126

제1부

새를 전개하다

    한 마리의 새 뒤에 수백 마리의 새들이 있다. 수백 마리의 새들을 뚫고 나는 나아간다. 그들을 침범하지 않는다. 새들이 들끓고 있다.

    나를 옮긴다. 돌을 옮긴다. 새들이 돌 속으로 들어가고 돌을 빠져나간다. 새의 반대 방향으로 돌을 옮긴다. 새들이 지켜보는 가운데

창문이 비추고 있는 것

　창을 바라본다. 창문이 비추고 있는 것

　이것이 누군가의 생각이라면 나는 그 생각이 무엇인지 모르는 채 누군가의 생각 속에 붙들려 있는 것이다.

　내가 누군가의 생각이라면 나는 누군가의 생각을 질료화한다. 나는 그의 생각을 열고 나갈 수가 없다.

　나는 한순간,
　누군가의 꿈을 뚫고 들어선 것이다.

　나는 그를 멈춘다.

　커튼이 날아가버린다. 나는 내가 가까워서 놀란다. 나는 그의 생각을 돌려보려 하지만 동시에 그의 생각을 잠그고 있다. 나의 움직임 하나하나로

창문이 비추고 있는 것
지금 누군가의 생각이 찢어지고 있다.

발음 연습

검정에서 노랑까지
모든 기호들은 기호들 사이에 있고
기호들 사이에 경계가 없어서
나의 발음이 부서져간다.
나는 턱을 내린다. 지평선 아래로

이제 들판을 내리고 나무를 내리고
그러니 제발 나무 밑에 앉지 마세요

나뭇잎들은 아무것도 지향하지 않아서
지나가는 동네와 동네 사이에 길게 눕는다.

그럴지도 모른다.
사람들이 부지런히 몸을 모으는 중이어서
나는 어쩌면 실물이 되어갈지도 모른다.
내 실물이 너무 넓어서 나는 시간의 영향을 받지 않
겠지

기호들 사이에 사이가 없어서
정오부터 자정까지 끝이 이렇게 잘 보인다.
끝이 형태에 드리워져 있으므로 모든 형태는 끝인
가 보다.

나의 발음이 하나가 되어간다.
나는 지금 동시에 말하는 자는 누구인가
목소리는 녹아서 사라지는 것이다.

비인칭 그래프

눈을 뜨지 않고
나는 오늘 오는 중이다.

얼음과 구름의 그래프 철과 오페라의 그래프 쏟아지는 파과들과 동시다발적인 그래프

나는 솟아나는 중이다. 여기에서 거기로

아름다운 풍습에 물들어 날마다의 밑줄들을 매달고 있는 오선지들이 탈선하고 있으니까 거기에서 지금으로 내일이 휘어진 것이라면 오늘을 돌파하지 못하겠지 그러니 이젠 아니다. 떨어져 나간 의족에 뺨을 부비고서서 지금이 내일이다. 내일이 쏟아지는 오늘이다.

떨어져 나간 자물쇠가 저 혼자 열리는 꿈을 꾸고 있으니까

양말이 발을 실현하듯 나는 오는 중이다. 양말을

뒤집어보자. 목소리가 없다. 목소리 없이 아주 길게 시동이 걸린다. 한꺼번에 춤을 추자. 거기에서 여기로 솟구치는 동안

  거기를 빌린다. 오늘을 오늘 태어난 표들을 빌린다. 이상한 도표들을 펼치면서 걸어간다. 이건 당나귀 이건 자장가 어디선가 나타나는 또 다른 손목들 언제나 더 많은 붕괴들에 불과하다. 당황하는 통계들에 예를 갖추자. 눈을 뜨지 않고

  익명의 그래프들이 일어서고 있다. 번개와 광고의 그래프 빌딩과 총알의 그래프 급진적인 그래프 무너지는 그래프 쓸모없이

  나는 오는 중이다.
비인칭 그래프

의인화

순식간에 얼굴은 이루어지기에 지상에 거처를 가지지 않는다. 몇 개의 면이 서로 닿았는가, 너는 관심을 보이지 않고 사랑한다. 입술이 없이 말이 흘러나오는 밤이어서 밤 대신 목소리를 저지를 것이다. 나무에 녹는 나뭇잎이 적절하다. 나뭇잎을 덧붙이기 위해 나무의 무관심이 적절하다. 미리 잠드는 버릇이 이렇게 환하다. 머리맡이 가늘게 찢어진다. 어쩌면 이런 문턱, 다른 표시에 베일 것이다. 너라는 표시에 연루될 것이다. 내가 베어 물었을 때 너는 썩으려 한다. 단 한 차례의 생애에서 우리가 의인화되는 순간이다.

나무의 나머지

　나무가 올 때 나는 나무의 나머지이다. 나무와 마주칠 때 마주치고 나서 나무가 여기저기 고일 때 나는 나무의 나머지이다. 나무는 나뭇가지들을 하나씩 끄고 굳어진다.

　나는 나무를 바꾼다. 나는 나무의 나머지이다. 내가 나무를 알아보지 못할 때 나무는 물렁해지고 나무를 이겨낸다. 나무는 공중에서 나를 덮친다. 오늘은 새처럼 젖은 발을 들고 있다.

　나의 뒤에서 날아다니는 나무들 나는 나무에 칼을 던진다. 나무는 얼마나 높이 올라가 헝클어지는가 나는 나무의 나머지이다. 칼자국들이 내 얼굴을 부수고 있다.

일시적인 모서리

나는 복도를 걸어간다.
나는 복도를 구성한다.

어제와 오늘과 내일은 수평이다.
바닥과 벽과 천장은 수평이다.
수평으로 늘어선다.

나는 벽을 걸어간다.
나는 벽을 나타낸다.

블라인드와 머리칼과 어둠은 수평이다.
동굴과 손등과 절대는 수평이다.
수평으로 포위한다.

나는 천장을 걸어간다.
나와 같이 가요
나와 같이 놀아요

나는 수평이다.
바닥과 벽과 천장은 수평이다.

비의 연산

깊은 밤 검은 우산이 홀로 떠 있는 명령을 내린다. 그냥 떠 있는 것을 사랑해 우리는 일제히 비예요.

우리는 비의 형식이면서 동시에 비의 배경이다. 우리는 세계를 채운다. 우리는 우리 이전과 구분되지 않는다.

합이 도출되지 않는 이 끝없는 연산을 무엇이라 부를까. 만나지 않는 선들이 그냥 떠 있지 그냥 사랑해 더 가늘게 더 두텁게 불확실하게

우리가 주고받는 것을 하지 못할 때 우리는 자연수로 탄생하고 자연수는 무효가 될 때까지 자란다. 낮과 밤이 어디로부턴가 흘러나와 시가전을 벌인다. 낮과 밤을 떠다니게 하라 아무것도 생겨나지 않는 이곳에서

형상을 시작하자 우리는 존재하지 않는 현상 속에서

틀림없어지거든요

틀림없이 비를 닮아가고 있어요 우리는 비의 형식이면서 동시에 비의 배경이다. 우리는 세계를 벗어난다.

우리는 마찬가지가 될 모양입니다. 우리를 가로막고 있는 것, 그러나 없는 베개를 움켜잡고 베개에 머리를 묻고 떠내려갑니다.

계단이 존재하는 곳

계단에서 아이들이 놀고 있다. 계단을 생략하고 계단을 끌어내리고 아이들이 놀고 있다.
계단이 존재할 곳은 어디인가

계단끼리 부딪쳐 구부러지는 것이 즐겁기만 하다. 굽은 표면 위에서 구부러지는 아이들,
아이들의 불가능한 배열로 계단은 공평해지고

누구의 입김에 와서 그을음이 이토록 연약하게 걸려 있기에 아이들이 계단을 떼어내는 것일까 계단을 밟고 다니도록 벌을 내린 계단이 존재하는 곳은 어디인가

허공을 흘러내리는 아이들
계단이 놀고 있다.

어항이 우리를 표시할 때

우리는 그렇게 끌려갔다.
하나의 어항 속으로
텅 빈 어항
어항 속에서
어항을 꺼내 놓았다.
우리는 머리에 손을 얹고 걸었다. 나는 손을 떨어뜨렸다.
네가 나를 감추었다.
나는 너를 잃어버렸다.
어항이 우리를 표시할 때면
우리는 가득 어항을 메웠다.
어항이 우리를 드나들었다.
플랑크톤처럼 우리는 어항을 뒤쫓고 있었다.

밤의 후렴구

 밤이 나를 들고 있다. 나는 들려 있다. 밤이 나를 꺼낸 것이다. 나는 꺼내져 있다. 나는 밤의 후렴구, 조금 넓게 밤 속에 펼쳐져 있다. 밤이 나아간다. 나를 들고 나를 어깨에 둘러메고 허공에 나를 묻히며 걸어간다. 나를 들이대곤 어딘가 위협을 한다. 나를 앞세워 지나간다. 후렴이 너무 커요, 나는 한숨을 쉰다. 나는 흉기이지 흉기를 든 자는 아니다. 후렴에서 만나자. 후렴에서 나는 잠에 빠진다. 밤이 나를 들고 가는 동안 밤이 잠에 빠진다. 밤이 나를 들고 겨누어대는 세계도 같이 잠에 빠진다.

흘러내리는 얼굴

얼굴을 던지며 걸어간다.
건물과 건물 사이
건물은 무게를 가지지 않는다.
콘크리트는 무게를 가지지 않는다. 콘크리트는 발효 중이다.

얼굴을 던지며 걸어간다.
공간을 공격하면
공간은 쉰다.
안이 바깥이 되어 떨어지는 주사위들

흘러내리는 얼굴들
즙이 많고 재빨리 썩어가는 얼굴들

움켜잡을 수 없이
손가락 사이로 흘러내리는
어디서 시작되며 어디서 끝나는지 알 수 없는

얼굴을 던지며 걸어간다.

당신의 토템

당신이 꺼낸 몇 개의 크레용

크레용이 너무 부드러워 날이 저물지
밤은 계속해서 잘려나가고
밤은 유행이 되고 있지

크레용이 녹을 때
밤은 토템

밤으로 만든 얇은 널판지들이 삐그덕거리고
널판지를 드나드는 나의 발들과
나의 발을 드나드는 당신의 발들과

홈이 파인 철제 커튼들
홈들은 저절로 쏟아질 것인가
흘러다닐 것인가

당신의 크레용이 부드럽게 녹을 때

당신이 유행이 될 때
당신은 단 한 차례 물질적 위치일 것인가

밤에서 다시 밤으로 이어지는 여름의 창문들 건축들
밤은 계속해서 잘려나가고

당신을 찾을 수 없는
당신의 토템

8월의 아침

땅 밑에서 잠자는 모자들이 올라올 때
모자에 영향을 미칠게요
모자의 테두리가 허용되거든
깨어나기 직전의 머리를 끄집어내요

무거운 눈꺼풀을 끄집어내요
8월은 조용하게 말할 수 있어요

잠든 집들이 올라올 때
알려지지 않은 합창을 다시 시작하려 할 때
지붕 위로 손들이 올라서기라도 하면

도시 및 도시 근교의 유효기간에 어울리는
커다란 잠의 아침으로
어느 여름의 아침이 개방적일게요
어느 눈길을 끄는 주장에 둘러싸일게요

소식이 늘어나지 않는 곳에서

사실들이 늘어날 것을 제안할게요

그리고 짧은 확신에 갇혀
큰 모자를 날려 보낼 겁니다.
머리를 끄집어내요
모자를 본떠
머리가 생길게요

왼쪽 비는 내리고 오른쪽 비는 내리지 않는다

내가 너의 손을 잡고 걸어갈 때
왼쪽 비는 내리고 오른쪽 비는 내리지 않는다.

우리에게는 언제나 너무 많은 손들이 있고
나는 문득 나의 손이 둘로 나뉘는 순간을 기억한다.

내려오는 투명 가위의 순간을

깨어나는 발자국들
발자국 속에 무엇이 있는가
무엇이 발자국에 맞서고 있는가

우리에게는 언제나 너무 많은 비들이 있고
왼쪽 비는 내리고 오른쪽 비는 내리지 않는다.

내가 너의 손을 잡고 걸어갈 때
육체가 우리에게서 떠나간다.
육체가 우리를 쳐다보고 있다.

우리에게서 떨어져 나가 돌아다니는 단추들
단추의 숱한 구멍들

속으로

왼쪽 비는 내리고 오른쪽 비는 내리지 않는다.

이동하는 거미의 경우

이동하는 초록 속으로
이동하는 거미의 경우
초록의 벽을 살려두려 한다.
모서리가 없는 벽의 배치

자신의 몸에서 움직이는 도해들을 건드리기 위해
이동하는 거미의 경우
가장 힘 있게 어긋나는 초록이 된다.
동요하는 구조들을 배열해보자.

거미에서 뛰어내려보자.

거미와 섞이지 않고
거미와 하나가 될 수는 없을까

이동의 경로를 포함하고 있는 것처럼
언제나 더 큰 거미 뭉치로 머물러 있는 것처럼
이동하는 거미의 경우

거미에서 거미로 던져진다.

다시 거미로 멀어지는 생각들

내가 손을 흔들기 일쑤인 것은

 내가 손을 흔드는 것이 보인다. 한 사람이 나와 마주 서서 나를 따라 손을 흔든다. 내가 손을 흔듦으로써 나는 손을 흔들 뿐만 아니라 내가 손을 흔드는 것이 보인다. 내가 손을 흔들기 일쑤인 것은 하마터면 손을 흔들지 않을 뻔하기 때문이다. 나의 이러한 전진을 위해 한 사람이 마주 서서 나를 따라 손을 흔든다. 내가 자꾸만 한 사람을 지나서 아무도 없는데도 자꾸만 지나서 손을 흔드는 것이 보인다. 나의 떠 있는 손이 보인다.

가시

너의 입에
가시를 넣어주었다.

너의 머리에

나는 물고기가 아니었다.
물고기는 까맣게 타버렸다.

물과 함께 타버렸다.
접시 위에서

너 혼자
꿈틀거리는 가시를 마시고 있다.

물고기를
설치하고 있다.

원리의 선택

1월에서 2월까지
그 위에 서기도 전에 계단이 발생하고 계단이 겹쳐졌다.
나는 계단과 고요히 한 쌍을 이루었다. 아무런 순서가 없는 계단은 어디서 오는가
나는 까마득하게 계단에서 떨어져
원근법에 협력했다.

형식에서 형태에 이르기까지
텅 빈 태양을 횡단하는 것이다.
발을 딛고 더 오래 지속되는 지층을 위해
근육을 부풀리지 않고 나의 거주의 근대성이 균형을 이루도록
텅 빈 태양 속에 서 있는 것이다.

개별이 개별을 내놓지 않는다.
개별이 너를 덮칠 것이다.
사실성을 부여하기 위해 경계들이 동떨어져 서로

공격할 때
　내가 놓친 윤곽이 너의 몸을 깨물 때
　우리는 동시에 멀어진다.

　2월에서 1월이 지나갈 때까지
　생각을 멈출 수가 없었고 생각나지 않았다. 나는 가장 생각나지 않는 양배추 잎을 물고 있는 애벌레였다.
　자외선에서 적외선까지 공간을 거두어들이는
　어느 습곡의 원리를 물리치려는 것이었다.

일요일과 초과

치마를 펼치고 걷는다. 치마는 펼쳐지지 않고 나를 감는다. 치마가 텅 비어 있도록 다시 치마를 펼친다. 치마에서 나가자.

슬픔의 발달 이후 여러 개의 손가락이 똑같이 움직이기 시작한다. 슬픔이 성사되어 슬픔이 타락한다. 움직이지 않는 신호들이 한꺼번에 흔들리는 일요일

신호들은 연결되지 않는다. 부서져버린 모퉁이가 너무 커서 모퉁이는 되돌아가지 못하고 부서지는 순간 몇 겹으로 깨어진 방향을 생각해내지 않는다.

치마에서 나가자. 치마의 주름이 날카로워지고 현명해지는 날 그렇게 치마는 갑작스러운 일이어서 나는 내일을 이해하고야 만다. 눈꺼풀 속에서 눈을 움직인다.

치마 밖에서 비둘기들은 포괄적이다. 휘어진 곳에

서 만나자. 그 너머로 일요일은 그 너머로부터 초과되어 소용돌이를 이룬다. 기억이 사라진 새들이 달라붙지 않고 흩날리며 떨어진다.

   치마를 정지시키고 치마의 나선형 그림자를 헐어보자. 두 동강 나는 소음의 한가운데를 마구 걸어가자. 어두운 치마가 흘러넘치는 일요일에는

그의 기호학적 의미

아무튼
그를 얼마든지 찾아볼 수 있겠지요
그가 다시 등장한 것을 지켜나가겠지요
연필이 딱딱해지겠지요
그는 올라가고 내려가고 하지 않겠지요
이제 달을 고치지 않고
달에서 걸어 나와
달의 가설을 향해
더 이상 앞을 내다보지 않겠지요
인체의 대부분이 파묻혀버린
선인장이 거리에 늘어서겠지요
선인장은 그에게 초점을 맞추지 않고 그를 지나가고
그는 선인장을 사용하지 않겠지요
그는 앞으로 갔다 뒤로 갔다 하지 않겠지요
그의 배치를 함부로 주장하겠지요
그의 기호 곧게 뻗은 그의 발가락들이
한꺼번에 달성되겠지요
거기서 우두커니

나의 부드러운 현존

 옷을 입는다. 오늘의 색과 무늬들을 구성한다. 나의 입체감에 빠진다. 나는 하나의 메시지이다. 나는 메시지를 부끄러워하지 않고 메시지는 나를 부끄러워하지 않는다. 나는 옷을 끄지 않는다. 옷을 더럽힌다.

 옷을 따라간다. 나는 옷의 슬픔을 능가하지 않는다. 옷에 구멍을 내지 않는다. 옷 속에서 나의 입체감은 위로를 받는다. 떨어져 있는 나의 배열은 쉽게 서로를 잊어버리고 끊어질 듯 부드러운 실루엣들은 옷을 탐하지 않는다. 오늘의 옷 속으로 익사한다.

어느 날

 날이 차갑다. 날이 또렷하다. 날에서 상한 냄새가 난다. 리듬이 끝났다. 너는 볕을 쬐려 한다. 볕을 조금만 더 쬐려 한다. 둥근 등받이 의자에 너를 걸쳐놓는다. 날이 차갑다. 두 개의 날이 섞이지 않는다. 두 개의 날이 어떤 날이었는지 알 수가 없다. 어느 날 너는 날을 침범한 것이다. 날과 날의 영역을 범한 것이다. 다시 날이 차갑다. 너는 볕을 쬐려 한다. 울퉁불퉁한 볕을 향해 몸을 기울인다.

순간이 무성해진다

순간이 무성해진다. 순간을 뻗어보면 순간이 아프고 순간의 대립이 없어진다.
바닥에 떨어진 방은 도막이 났다. 도막이 없어진다.
도처에서
나는 관련을 결여하고 있다.
월요일이 가득해지면 월요일 대신 나는 본격화한다.
그것은 행위와 흡사하다.
약간의 얼굴로
나는 잠깐 어떤 평형 상태에 기여한다. 그리고 오래도록
그 평형은 무뚝뚝하다.
나는 미미하게 움직인다.
이쪽에서 저쪽으로 머리가 천천히 기울어
이쪽에서 저쪽까지 무성해지길 기다린다.
어떤 순간은 기둥의 형태로 목격된다.
나는 생각이 들어설 수 없는 기둥을 바란다.
마치 또 하나의 가능성처럼 실내와 실외가 일치되는 것이다.

네가 물처럼 될 때

가라앉히려 했다.
너를 물처럼
네가 물처럼 될 때

물 밖으로 꺼내지는 자는 물이 옳고
물이 우선 터지려 한다.

어느 유창한 계곡이어도 좋았다.
 물 없는 계곡의 흐름이 공중에서 제멋대로 부딪쳐도 좋았다.

네가 그 계곡을 다 밀어내지 않아도 좋았다.

네가 물처럼 마치 또 다른 물체처럼
물갈퀴를 쳐들 때

고양이 이후

고양이는 자신의 시신 밖으로 튀어나온다.
고양이 이후의 고양이

흩어진 물질
문지방이 아주 넓어서
고양이는 자신의 비물질성을 억제한다.

한번에 떠오르지 않는 재료를 모으는 일

손은 손을 물고 있는
사자의 이빨 같은 것을
계속해서 만들어낸다.

불가능한 뜀박질
불가능한 꼬리를 덧붙이고 덧붙이고

고양이는 아주 천천히
고양이를 틀어막는다.

제2부

대위법

내가 너를 도와줄 것이다.
사람이여
이빨 속 휘파람이여
내가 너를
찢어지게 해줄 것이다.

너를 꺼내 들고
나는 오늘 부정한 천체가 되게 해다오.

내가 너를
흘러나오는 피처럼 곤란하게 해줄 것이다.

마당 옮기기

스스로 열리는 인부들

인부들 몇이 마당을 옮기고 있다. 마당을 파내고 파내려가고 떨어져버린 맨발들

발을 깁는다. 발을 다 깁고 나면 발이 싫어지나 보다. 성큼성큼 땅거미가 지는데 아직도 끝이 보이지 않는 덩굴손을 벌리고 있나 보다.

마당 밑으로는 더 멀리 마당이 흐르고
수레 가득 마당이 빠져나간다.

인부들은 밀려올 것이다. 수군거리며 어떠한 언어도 간직하지 못할 것이다. 인부들 한복판에 마당을 높이 쌓아 올려야지

더 높이 그렇게 눈먼 벌레는 서 있고
벌레의 떠 있는 발들

인부들은 어딘가 다른 곳에서
구멍 난 마당을 옮기고 있는 것이다.

일요일의 아침 식사

새들을 쫓고
자리에 앉는다.
일요일을 쫓아내고

앉아 있는 다른 일요일 아침
병과 컵이 꽂혀 있는
식탁은 말없이 나를 회복한다.

가늘고 긴 생선 한 마리가
나를 감았다 풀고 감았다
풀고

헤엄치는 일요일 아침
나는 내 몸 밖으로 튀어나온 심장을
칼질한다.

바닥에 놓여 있어도
내 두 발은 가라앉지 않는다.

돌로 누르고 눌러놓아도
일요일은 떠오르고
돌과 함께 떠오르고

돌과 함께
나를 깨뜨린다.

유리병

지쳐 쓰러졌을 때 꽃이 핀다. 꽃을 뱉아내려고 발버둥을 친다. 소리 나지 않는 소음들과 동시에 넘쳐흐르는 창문들, 나는 한없이 어딘가에 동등해지고 있다. 가장 얇은 것이 어둠이에요. 어둠의 섬광 속으로 들어가 어둠이 번쩍이는 것을 보아요. 내일을 지우기 위해 내일을 쫓아가는 오늘, 아주 커다란 세숫대야에 담겨 있는 눈물을 씻는다. 아직 존재하지 않는 눈물을. 나는 폭발하면서 아무것도 들고 있지 않았다. 다시 닫히는 문을 기다린다. 다시 공통점이 사라진다. 내 입에서 가르릉거리는 꽃을 유리병에 꽂는다. 고개를 들었을 때 입술이 빠져나간다.

풀

풀이 허공을 떠다닌다.
풀이 목을 휘감는다.
검은 물이 쏟아져 내리는
목이 닫힌다.
원근법이 사라진다.
풀이 허공에 금을 낸다.
내 얼굴에 금들이 떠다닌다.
금이 나를 덮는다.
풀은 아무것도 들어 올리지 않으며
풀은 생각에 부딪치지 않는다.
풀은 나를 베어내지만
내 생각을 쓰러뜨리지 않는다.

풀이 쏟아진다

풀이 쏟아진다.
풀에 묶여서
처음 보는 풀에 중독되어서

모든 방향으로 꺾이는 얼굴
얼굴은 지금 내가 모르는 나의 뒤에 있다.

팔을 길게 뻗어 나아간다.
또 다른 팔에 묶여서
내가 하나의 버려진 방향이길 기다려
나의 입맞춤은 조심스러웠고

아무런 조심성 없이
나의 입에서는 벌써 비린내가 난다.

풀이 쏟아진다.
이렇게 풀들이 사방에서
나를 모으는 동안

이렇게 풀 위에 앉아서

나는 나의 앞에서
뒤에서 순식간에 휘어져버린다.

내게서 새어 나오는 머리카락들
지푸라기들
지푸라기들
나의 머리를 뚫고 나오는

보법

나는 걸어간다.
걸어간다. 걸어간다.

맨땅을 알지 못한 채

누군가의 크고 검은 발 위에
내 발을 얹고
걸어간다.

누군가의 크고 검은 발 위에
내 발을 얹고
공회전한다.

땅이 갈라져도 알지 못한 채

그 발이 나를
증언하도록

나는 그와 동시에
움직인다.

손바닥 던지기

지냈다. 더 많은 날들을
더 많은 부스러기들로
모여 있었다.
빛이 부러지는 날
부러진 빛들로 나는 이렇게 가득해
가득
부재해

나는 섣불리 그가 되었다.
그가 되어 나를 만들었다.
그가 되어 나를 막았다.
입속의 흙을 움직여보았다.
흙이 필요해

땅에 내려온 등고선을 뜯었다.
그가 되어 나는
나의 머리를 뚫고 나갔다.
나는 그로 발생했다.

나의 밖에서

한도를 넘어선 오차들로 뛰어놀았다.

나는 차츰차츰 희미해져
어딘가로 빛의 가뭄 속으로 끝없이
내 손바닥들을 던지고 있었다.

어떤 소매

어떤 소매엔가 계속 매달리던 기억

집 안이 텅 비어 있었지. 배달되어 온 상자를 사랑해요 먹은 뒤에야 칼로 잘린 빵들

잃어버린 귀는 흘러다니며 돌처럼 무거웠다.

내가 서 있는 계단이 너무 납작해져서 그를 반납해야 했다.

어떤 무늬는 기억을 버리고 시작된다. 기억이 잘 만들어지지 않는다. 비명의 무늬를 멀리 흘려보내고 나서야 비명이 나타났다.

상자를 떨어뜨렸을 때 쏟아지는 네모들, 네모들 속으로 걸어 들어가면 이 세계 어딘가에서 하나의 깃털이 떨어져 내리고

딱딱한 팔이 그리워

교각을 돌 때마다 갓 태어나는 소매들
소매를 잡아당기면
소매가 휘청 무너지던

누군가의 긴 소매에 계속 매달리던 기억

아침이 가기 전에

햇살을 쓸어내고
비행이 사라진
비행기를 본다.

구두 속으로 들어가지 못하는
맨발들이 다시
인체에 가입한다.

아침이 가기 전에
이 손들은 난파될 것이다.
물고기들이 떼 지어 눈이 멀 것이다.

아침이 가기 전에
수초 더미가 밀려온다.
수초 더미가 입을 메운다.
물고기들은 물풀을 뚫을 수가 없다.

아침은 소리치지 않는다.

문이 닫히는 아침의 짧은 선분들 속에서
내게 도착하기 전 명령의 방위가 바뀌어진다.

아침이 가기 전에
아침이 바뀐다.

나는 내 발들을 뛰어넘는다.
비행기가 사라진
비행을 본다.

또 다른 목소리

길이 휜다. 급커브다.

부드러운 커브
나를 달래는 목소리 나를 덮는

X축과 Y축을 동시에 가리키는 동시신호가 켜진다. X축의 대열에서 Y축으로 간다. X의 Y축으로 가는 것과 Y의 X축으로 가는 것은 동일하지 않다. 동일하지 않은 목소리

목소리 속의 또 다른 목소리 지체하는 신호들 X축 속으로 Y축은 휘어진다.

동일하지 않은 도시의 계열들이 쏟아진다. 하나의 좌표는 하나의 좌표가 우두커니 걸려 있는 하나의 좌표의 결석이다. 나를 따라오는

목소리 또 다른 목소리 어울리지 않는 목소리가 되

고 싶어 구멍 뚫린 목소리 당신의 좌표는 당신을 가지
런히 모으는 중이어서 당신은 지속한다. 당신의 속도

  속도의 결핍

  나는 한꺼번에 멈춘다. 급커브에서

  급커브만을 가질 뿐
  부딪친 목소리
  부딪치고 난 후 다른 피가 흐르는 목소리가 되고
싶어

  다른 피로 멈추고 싶어

  당신은 지속한다. 당신의 근친을

몽타주가 된다는 것

　지금 여기에 가장 가까운 심급에 도착하지 못하는 번개를 위하여 나는 번개를 버틴다. 번개를 뒤집어쓰고 어둠의 일부인 채 어둠과 단절하면서 어둠을 밝히지 않는다. 나는 머뭇거린다. 머뭇거려야 한다. 누가 돌출되는가를

　그곳에서 나는 내 그림자와 일치하는 실물인가를
　그곳에서 나는 내 그림자와 내가 가지고 있는 가장 넓은 혀로 세계를 통분하고 있는가를

　입에서 지루한 탄약이 쏟아진다. 꿈처럼 호흡은 짧게 끊어져 굳어진다. 한 사건이 벌어지는 심급에서부터 결코 나타나지 않는 장면의 심급에 이르기까지 나는 지금 형상을 만들지 못하는 몽타주이다. 나는 짧은 운동으로 분포한다. 한순간도 나를 지킬 수 없다. 그러나 깨진 두개골 속에 신을 벗어놓은 자들과 함께

　얼굴 없이 빚어지는 나의 이 다양한 표정을 보라

벽면들이 거미줄에 걸려 바스락댄다. 채찍을 맞고 있는 사실들이 빈둥거린다. 나는 막무가내로 벌을 선다. 공평하게 산산조각이 난다. 더할 나위 없이 다양해진다. 그러므로 윤곽 없이 모든 꿈은 마주치고

유추의 피가 벌써 밖으로 흘러나오는 것을 나는 보라

마치 꿈속에서처럼 적절한 잠도 없이
나는 이 잠을 확정해야 할 것이다.
이렇게 잠의 온도를 맞추어놓고 다시 통상적으로
부재하는 눈을 파고들어야만 할 것이다.

비동시적 복도

복도를 걸어간다. 복도에 손을 대지 않는다. 복도에서는 손이 불편하다. 오래된 손은 복도를 읽지 못한다. 손은 목을 조른다. 숨 쉬지 않는 공기가 복도에 묻혀 있다. 모서리들이 채찍을 휘두른다. 복도는 나를 지나 몰려다닌다. 나는 한곳에 몰려 있다. 나는 손을 떨어뜨린다. 한번 떨어뜨린 손은 줍지 못한다. 복도들은 서로 연결되지 않는다. 내 손은 복도와 복도 사이를 흘러 다닌다.

어떤 소용돌이

  아주 천천히 소용돌이는 다가왔다. 나란히 소용돌이와 누워 나란히 눈이 없었다. 나무들이 집을 뚫고 들어왔다. 나를 지나갔다. 벽돌들이 부서지면서 벽돌들이 퍼져가면서 나비가 되어 날아다녔다. 나비를 생각하고 나비 위로 늦은 나비들, 나비를 강화하기 위해 나는 누웠다. 나란히 나비와 누워 나란히 나비를 잡으려고 내 팔은 자라났다. 자라나는 팔들로 눈이 없었다. 한번씩 나비로 들어 올려지는 순간 내 위에서 익사하는 나비들

  소용돌이가 내게로 왔다. 와서 멈추었다.

식사의 예절

그가 와서 테이블에 앉을 때 규칙적인 웃음이 필요하다. 날카롭게 찢어진 음식이 필요하다. 이를테면 테이블 위에 펼쳐진 손들이 일제히 무한 증식하는 거센 배후가 필요하다.

나는 그를 가로막는다.
나는 한꺼번에 너무 많은 그가 될 자신이 있다.

그는 테이블 위에 나의 그들을 내려놓겠지 흩어져버릴 종이들을 합쳐놓은 듯 그는 아무것도 지탱하지 않고 단지 낱장 하나의 수위로 울먹이겠지

이제 그는 식사를 한다. 갉아먹고 싶어
꺼내보는 식사의 어떤 체위

저녁을 삼켜버린 자는 어떻게 발전해야 하나
그의 폭식을 위해 어떻게 쐐기풀이 땅에 질질 끌려야 하나

구름은 구름의 근육을 옮기고 개미는 개미의 대기자로 서 있지 싸움이 밀려오면 싸움 속으로 들어가 싸움을 졸음과 혼동하지 모두가 사나운 색뿐인 것을

나는 부상당한 식욕에 가담하는 것이 필요하다. 나는 이미 그의 입속에 들어 있는 것이다. 나는 너무 짧은 순간들이기에 순간을 놓쳤기에 풀어져버린 혀처럼

나는 돌처럼
저 깊은 곳에서부터 풀어져

머리를 들고 있다.

한꺼번에 그를 통과하는 것이다.

나무의 자전

사로잡힌 돌처럼
나는 의견이 없었다.

나무가 구부러지는 것은
나무의 자전의 일부이지만
나무가 그리는

또한 아주 오랫동안 탈영 중인 포물선은
복귀하지 않는다.

사로잡힌 고무 지우개처럼

똬리를 틀고 있는 음성을 문지르며
폐점되는 육체

덩어리 여기저기 떨어져 있는 덩어리 내가 밀고 가
다가 내가 실천하는 덩어리

나는 어느 날 나의 돌팔매질에 일치했다.
나는 내가 던지는 돌 속에 있었다.

잠의 선율

웅크리고 잠을 잤다.
잠을 뜯어 먹었다.
잠은 아주 넓은 뿔을 달고 있다.

벽을 들고 다니는 곰팡이들이
벽을 잃어버린 것이라고

잠은 자꾸 나를 깨웠다.
속삭이는 지평선에 몸이 베였다.
나를 뚫고 나오는 덧니들을 세어보았다.

어떤 흉기가 파고들기에
나는 나무처럼 모든 잎사귀를 달고
달리는 것일까

잠이 아파서
잠이 지워버리고 찾아나서는 깊은 구덩이가 아파서

가라앉으면서 떠오르는 물체들처럼
실현되지 않는 선율들처럼

나는 너의 시체를 가지고 있다

나는 너의 불을 가지고 있다. 얼어붙은 불, 가만히 불어본다. 너는 불을 깨닫지 않는다.

어두워지는 저녁, 도시의 귀환을 끌어안고 땅 밑을 걸어간다. 심장에 박힌 발을 떼내었지 더 넓은 지푸라기 떼들을 기다리면서

너를 해치고 너를 되돌려주는 일

하늘을 때려눕힌다. 하늘을 따라간다. 다만 움츠러들었던 검은 스토브와 허겁지겁 솟구친 오늘 싹이 난 눈금에 대해 친절할 것이며

움직이지 않는 노래를
얼어붙은 너의 입속에 남겨둘 것

굳어진 태양이 벽돌 속으로 들어가는 것을 바라본다. 나는 마치 최후의 날씨가 되어 일몰을 미루고 일

몰을 버린다.

 너를 바꾸지 않고 너를 여러 개로 바꿀 뿐인 저녁

 나는 너의 시체를 가지고 있다.
 네가 없는 너의 시체

 이제 아무것도 너를 가로질러 가지 않는다.

공간의 이해

둥근 각도를 쏟으며
각목들이 무너져 내린다.
흘러 다니는 각도들에
발을 담근다.
발이 헐렁해진다.
칠이 벗겨진 태양은 어느 쪽에서 오는가
낭하에서 홀로 소리치는 광선을 상상한다.
붙잡힐 때
나는 돌발적으로
내가 있는 곳이 된다.
인근의 나라에 따라 들어간다.
어깨를 파먹는 철근 골조를 옮긴다.
무작정 내가 소리친
엉겨 붙는
구분할 수 없는 자세들을 발굴하기 위해
나는 반복해서 나의 자세를 매장한다.
푸른 핏줄들이 터진다.
나는 내가 보고 있는 것을 발생시키며

발생한 것은 찾지 못한다.
나의 근처에서
할당된 또 다른 공간 속으로
나의 발 한 켤레가 동시에 떨어진다.

검은 불 붉은 불

검은 불 위에 붉은 불이 있다. 검은 불이 서서히 붉은 불이 되었나 불은 지금을 향해 구부러지고 있다.

불은 숨을 쉬지 않는다. 나뭇잎을 들고 날아다니며 나뭇잎을 열어 보이지 않는다.

불의 어깨 위로 불이 내려앉는다. 출렁이는 형상에 불과해져서 불이 다시 쏟아지지 않을 때면 불은 어디서 오는가

불을 불의 모형 속으로 밀어 넣는 것으로 충분한 일이었다.

불은 불 밖으로 빠져나오지 않는다. 오른쪽으로 왼쪽으로 전진하는 나뭇잎이 있어 나뭇잎의 부대들이 있어 오늘 오후는 움직이지 않고

오후는 타들어가고

나뭇잎은 자꾸만 넓어져간다.

불이 숨을 쉬지 않는다. 검은 불이 붉은 말을 하고 붉은 불이 검은 말을 한다. 불은 평행한 것인가

불을 벗어놓는다.
불이 울고 있다.

오려진 사람

 신발을 손에 들고 오려지고 있었다. 오려진 사진들 달아나버린 혹은 이미 떨어져 나간 문짝들

 잃어버린 과일들이 떠 있는 수평과 수직의 거리, 발자국이 홀로 움직이고 있었다.

 내가 얼룩말을 지나갈 때 나보다 더 **빠르게** 얼룩말이 지나갔다.

 깨어나지 않고 홀로 전율하고 있는 모퉁이를 지나갔다. 서로 모순되지 않은 수많은 모퉁이들을 지나갔다.

 하나의 예를 벗어나는 또 다른 예들을 걸어가면서 나의 걸음에 파묻히면서

 육체를 따라다녔다. 육체가 나타날 것이다. 순식간에 뼈들이 벌어질 것이다.

나는 걸음을 내놓았다. 걸어가면서 육체 밖으로 나가면서 나는 나의 윤곽을 건네받았다.

나는 잠시
선명하게 나타날 수 있었다.

오려진 순간
이 세계로부터 꺼내져
단 하나의 의식을 잃게 된 순간

미나리과에 속하는 법

아침마다 미나리를 깨운다. 미나리로 서성거린다.

이해하지 못하는 함수를 본다. 가령 예외적으로 멈춰 서 있는 미나리의 리듬을 따라간다. 미나리 형태로 뭉쳐 있는 리듬

리듬은 리듬 밖에서
리듬은 거처가 아니어서
리듬에 섞여들어간 나의 대부분이어서

나는 나를 밀쳐놓으며
떨어져 나간 채 한 잎 한 잎

오늘의 미나리 속에 들어가 미나리를 고치지만 기계는 언제나 자신을 부수는 더 큰 기계를 원할 뿐 기계가 되지 않는다. 미나리가 뛰어드는 미나리과

미나리과는 계속 작아지고

이따금 상한 냄새가 난다. 뚫려 있는 이파리 속을
날아가는 커다란 미나리 다발들

미나리를 깨운다. 기계적 배치를 따라 이미 미나리
는 대부분이 미나리에 지나지 않아서

뒤범벅이 된 채 다가오고 있다.

나는 발생하지 않은 채로 지속된다

아침이 없는 날 이를 드러내고 웃어본다. 내가 착용한 뼈들을 뒤져본다.

부딪치는 뼈들

뼈들의 긴 문체 속으로 들어가 눕는다. 달아나는 모자가 나를 던져버린다.

걸어오는 사람 걸어오려는 사람 걸음과 헤어져 걸음과 공존하는 사람 큰 걸음이 있어 막아설 때

큰 걸음을 보고 싶어요

내가 들어갈 수 없는 옷이 있어요
너무 빨리 바닥으로
육체가 떨어지고

나는 발생하지 않은 채로 지속된다.

내가 심었던 것을 내가 파낸다. 존재하는 것 존재하려는 것 존재가 풀리는 것을. 내가 파낼 때 진행되기 시작하는 식물을

비로소 모래들이 움직이고 있다.

줄넘기

줄넘기를 하고 있다.
지면을 넘기며
지면 위에 선다.

발아래 지면이 팽창될수록
망각이 깊어져

다른 페이지 속으로 섞여 들어간 거짓말들처럼 두 발은 부드럽게 흩어질 뿐
 들러붙은 손

하나 둘 셋 심장을 후려치는 소리를 듣지 못한다.

지금 보이지 않는 폭음을 들어 올리는 자는 누구인가
폭음은 어디로 가는가

줄넘기를 하고 있다.
줄 속에 들어가

구부러지는 줄
망각이 깊어져

제3부

달의 그림자

쟁반이 기울고
달은 전진한다.

달을 초래하는 자들은

달을 조금씩 잃어간다. 날마다 잃어간다. 파문이 나를 지운다. 나는 무사히 터무니없다. 지워진 후에도 나는 달을 잃어간다. 달은 내게서 전진한다. 하늘이 떠내려간 후 내가 검은 그림자의 결정을 내릴 때 어디선가 내가 결정할 것을 결정하고 있다.

달의 도처에서 달은 망설인다

 얼굴이 얼어붙을 때마다 달은 새로운 요소들에 속한다. 그 요소들을 파먹는다. 손질하지 않은 식물의 단편으로 갔다가 무질서한 동물의 신호에 동의한다. 손에는 어느 세계에서 왔는지 알 수 없는 몸 없는 소음들이 묻어 있다. 무질서의 입을 열었을 때 달의 육체의 정렬이 고정된다. 벌써 여러 개의 먼지 뭉치들이 대면하고 있다.

손을 옮기며

잔디밭에 떨어져 있는 손을 줍는다. 손을 옮긴다.

그냥 제자리에 남아 있는 손
손의 반복
저 혼자 시류를 시작하는 손

불이 붙은 손 불 속에서 시린 손

불은 손을 구해야 하고

읽을 수 없는 여러 개의 불이 동시에 켜지고 잠시 하나의 손 위를 흘러넘치는 녹물 같은 손짓들

나는 한 걸음씩 옮겨 간다. 절벽이 옮겨 간다. 손은 절벽의 부드러운 소용돌이에 부딪치지 않는다.

그의 손이 나를 흔들어 깨운다.

손을 씻는다. 빠르게 손에서 멀어진다.

불가능한 벽

벽을 세우고 벽 속에 들어가는 벽을 세우고 벽 가까이 벽에 충분해지는 벽 흩어지지 않는 벽을 세우고 벽이 지금 여기 있고 튀어나온 벽 나를 세우고 벽 속에 나를 세우고

모여드는 벽을 세우고 기다릴 줄 모르는 벽을 세우고 뉘우칠 줄 모르는 벽 주르르 흘러내리는 벽을 세우고 내 손이 그 속에서 웅성거렸나 나는 조금씩 녹아버렸나

세우고 난 뒤 또 세우고 벽을 따라 벽은 따라가지 않고 어디선가 문득 벽은 캄캄해지는 걸까 형상이 새어 나가는 걸까 벽을 멈추지 않는 공간들처럼 공간의 구획들처럼

나를 차지하고 나와 무관해진

벽을 세우고

세워도
벽은 벽이 되지 않고
나는 벽이 되지 않고

발의 습작

 발이 뛰어다니는 지대를 모아보지만 한 뼘의 발은 목격되지 않는다. 발은 추문으로 쓸려 다닌다.

 철조망에 까맣게 붙어 있는 발의 습작들을 본다. 형체 없는 철조망

 붙들고 있는

 발이 육체의 지체와 무관해지면

 곡선을 삼키고 있는 발이 어떤 혼신의 힘을 다해 모자라요

 그렇게 발의 폭설

 걸을 때마다 나는 한 발씩 공중에 떠 있다. 발꿈치가 열려 있다. 어느 풍경을 무해하다고 세워놓는가? 풍경을 풍경으로 씻을 뿐이다.

발이 떠내려간다.
풍경이 범람하고 있다.

너의 종이

네게 종이를 빌린다. 종이처럼 캄캄해

종이에서 입을 꺼내 말하고 종이에서 발을 꺼내 걷는다. 종이가 흐려질 때까지

종이에 맞선다. 하루 종일 종이를 내몰고 종이 혀에 도달한다. 내 말이 들리지 않아서 너는 이토록 구체적인 것이며

너는 종이처럼 캄캄해 나를 강타한 낯선 아침들이 나를 바라보는 동안 아침은 캄캄해

우리는 심장의 박동을 틀어놓고 형체를 잃어버렸기에

날마다 종이로 흘러 들어간다. 종이는 무거워 종이는 더러워 나는 종이를 뒤덮어버리고

종이를 내려놓는다. 어디선가 종이가 날카로워진다.

종이가 흘러 다니는 리듬에 맞추어 종이를 찢고 네가 올 때

나는 찢어진 종이가 된다.

나무를 따라간다

나무를 따라간다.
나는 자꾸 번진다 나는 초식동물이다 흩어져 달릴 때마다 얼룩이 진다
숲을 뚫고 오르는 일

나무를 따라간다.
어떤 수증기는 나무를 옮기지 못한다. 어떤 백야는 한 나무 위에서 범람하고 또 그 나무 없이 짧아진다.
나는 나무를 일으켜 세운다. 나무의 피스톤 운동, 속삭임
나무가 작성한 혈관들이 이윽고 완전해질 것이다.

나는 하는 수 없이 모자란다. 나무는 하는 수 없이 날아다니며
구름 따위와 싸운다.

나무는 모습을 나타내지 않는 추문이다.
한순간 내가 숨어들기를

내가 목을 맬 순간을
기다리면서 숨는다.

검은콩 모티프

    콩이 언뜻 스쳐 가는 것이다. 탁자를 세워놓는다. 연속한 탁자들 다시금 내각을 열심히 합치는 네모들

    어디선가 콩이 돌아보고 있다.

    탁자를 시작하면 탁자에 관한 것은 없으며 탁자들이 몰려다닌다. 검은 구름이 몰려다닌다. 뼈가 흘러나오지 못하도록 형체가 열린다. 머리칼로 고정되는 순간 머리칼을 들어 올릴 필요는 없겠지 흘러넘치는 아주 기다란 천을 뒤집어보는 장르에 불과해서

    콩이 반복해서 발생하는 것이다.
    콩을 가려낼 수 없는 것이다.

    어디선가 돌이 날아온다. 탁자 위에 떨어진다. 낙차가 열리고, 낙차 사이로, 의식은 끝내 등장하지 않는다. 하나의 윤곽이 콩을 붙잡을 때 하나의 윤곽이 이렇게 떠들어대도록 콩은 방해하는 것이다. 가장 가

까운 곳에서 즐거이 쏘다니는 것이다.

검은 걸음걸이가 빠르게
공기 중에 퍼지는 것이다.

목걸이

얼음을 문지르는 것처럼 돌아오지 않는 날들이다.
녹아버린 생각 속에는
아무것도 나타내지 않는 길고 긴
목걸이가 걸려 있다.

둥근 너의 목

너의 목을 따라간다.
무엇인지도 모르고
고개를 숙인다.

나의 인사는 혼자서 커진다.
고여 있던 양팔을 한껏 벌렸을 때 깨닫지 못하는
어둠
어둠을 문지르는 것처럼 돌아오지 않는 날들이다.

검은 해바라기가 홀로 허공을 끊고 있다.

검은 씨앗이 얼굴을 덮는다.
딱딱한 이명들로
악몽을 문지른다.

영원히 보이지 않는 실탄 위를 맴도는
무엇으로도 집어 올릴 수 없는
목걸이가 걸려 있다.

너의 목을 베어낸

일종의 형이상학

 실내에 세워진 몇 개의 바다를 가지고 논다. 바다에게서 굴러떨어지는

 바다가 없다는 것을 알고 바다는 시작된다. 바다의 기교, 그것은 낯선 볼륨으로 시체들을 깨우는 일이다. 분기하는 손가락들을 계속 분기하게 하는 일, 텅 빈 입속에 구름을 낳는 일, 균일한 무늬로 회복되는 일이다.

 장갑의 신호와 식물의 신호는 같다. 접혀 있는 피, 모스부호처럼 끊어진 혀들, 물고기는 그물에 합류하고 약간의 억누름을 밀짚모자는 배운다. 인체 모형으로 피신하여 대각선의 효과를 익히는 일, 그것은 일종의 형이상학

 소용이 없다는 것을 알고

 바다는 시작된다. 이해할 수 없는 바다의 리듬에

한 발 가까워진다. 하얗고 가벼운 포말들 바다를 떠다니는 하얀 물체들 바다가 끌고 가는 물체가 바다를 끌고 가고 어느덧 포말들이 바다를 지키고 있다. 자라지 않는 신호들, 원소들이 휘몰아치는

   정지 화면을
   일으켜 세우려 한 적이 있다.

   바다의 수면을 세우는 일

   그것은 일종의 형이상학

물고기를 놀라게 하지 않기 위하여

우리는 모두 모여 그 이야기를 주고받았다.
머리 위에 접시들을 올려댔다.
아주 높이
크기가 없는 접시들

내게로 와서 표류하는 접시들

우리는 한 사람씩 한 방향으로 지문 없는 손을 섞었다.
물고기 한 마리가 접시들 사이를 헤엄쳤다.

물고기를 놀라게 하지 않기 위하여
우리는 모두 모여 그 이야기를 주고받았다.
접시들이
얼어붙었다.

얼음이 덩어리째 떠내려갔다.
물고기가 그 위에 앉아
깨고 있는 얼음이

사과의 조건

　사과를 깎는다. 사과를 비롯하여 사과 아닌 곳에서 머무는 사과들이 서로 미끄러진다. 소문이 나돌고 있다. 여러 개의 바구니들이 불확실하게 겹쳐진다. 번개 속으로 들어가 번개를 싫어해요

　밤과 낮이 오지 않는다. 미세한 공기의 흐름이 더 강한 사실이다. 사과들은 쉽게 움직이는 것이다. 사과들은 쉽게 풀린다. 아직도 사과가 남아 있다고 믿는 손이 홀로 사과를 깎는다. 손의 형상이 나타나면 비로소 손 위에 떠오르는 사과들 사과의 뒤틀린 연산 사과가 들고 있는

　없는 지름

사과의 환(幻)

 등에 붙은 가시가 조금씩 가벼워졌다. 가시로 깔깔거리기도 했다. 먼 데 지붕 위에서 돌이 홀로 구르는 소리

 천천히 떠오르는 어떤 귀가 있다. 뿌리 없는 귀, 잠든 소리들. 귀를 열어볼 수가 없다.

 팔려 온 사과들에 마음을 빼앗겼다. 팔려 와서야 익는 사과들, 함부로 교환되는 빛깔과 사귀었다. 이제 무엇을 뒤집어쓸까요

 다 드러난 잇몸이 아파요

 떨어져 나간 생각들이 돌아올 때가 있다. 생각들이 눈이 멀어 있다. 사과처럼 뭉쳐지지 않는다. 생각에는 씨가 없다.

 나의 교환에 열중하자 나는 금방 발을 떨어뜨렸다.

다시 발을 바꾼다. 발이 물렁물렁해져서 멀리 가지 못했다.

물고기는 어디에

물고기는 자발적으로 물고기이다. 물고기를 올리고 내린다. 물고기는 물고기와 동등하며 아직 제자리에 있다. 물고기가 아직 제자리에 있다면 물고기는 어디에 있는 것인가 한 방향으로 회전하는 무리들은

나를 헤엄치던 물고기, 나의 안에서 밖에서 나를 부풀리고 부피가 되게 했던 것, 어쩌면 나를 준비하다가 나를 갈아입다가 나는 나를 쏟아버리고 바닥이 없고 향방을 알아보지 못하는 채 나의 본능은 혼자 지나가고

물고기,

입을 벌리고 멈춰버린 농담이라면

그 입속으로 사라져버린 방향
방향의 누더기들

몸속으로 계속 굴러떨어지는 망치가 있어
망치처럼
굳어진 턱이 있어

물고기가 아직 역사적 취향이라 한다면

 물고기는 어디에 있는 것인가 한 방향으로 회전하는 피를 모르는 그 짧은 비늘들은

물고기의 기원

 물을 두드리면 물은 거의 그대로이다. 나는 날마다 물을 복용하지만 갇혀버린 물은 일종의 수사에 불과할지도 모른다.

 잠자는 물, 잠자면서도 잠들려 하는 물

 나는 잠을 만지지 않고 잠과 함께 멈추었지만 나를 퍼뜨리는 잠 없이 멈추었지만

 양치식물의 그늘과 물의 그늘이 만나는 주기를 가로질러 나의 얼굴에 와서 헝클어지는 피, 피의 뒤척임

 난간 아래로 얼굴 같은, 탄알이 스친다.
 탄알에 달라붙는다.

 하나의 지느러미가 나를 뒤덮는다. 하나의 육체로 나는 육체에 대꾸한다. 하나의 물고기로 집결했을 때 나는 물고기가 되려 한다.

하나의 덩어리가 되려 한다. 아무런 효과도 없이 덩어리의 영향을 받으려 한다. 내가 갔던 방향으로 내가 소비되지 않았던 방향으로

나는 얼마든지 나타나는 것이다. 물고기를 불러일으키며
이제 태어나는 물 태어나고 난 후 태어나려 하는 물

토르소

비가 그쳤다.

비가 그친 후 비를 목격했다. 비가 더 이상 움직이지 않게 되었을 때에

나는 너를 깨웠다. 너를 어디에 두었나 너를 깨우면서 너를 덧붙이는 장미들이 떨어져 내리고 장미의 연습으로 가늘어지는 손가락들

손가락을 버린 생각들이 있고 생각에 관계되지 않는 행위들이 흐르고 행위를 열지 못하는 너의 육체가 차례로 결성되었을 때에

몸이 되기 위해 너는 감각을 버리고 부동의 자세로 사랑을 했다. 사랑에 관계되지 않는 사랑의 자세들

이전과 이후가 사라지는 행위들의 최초의 균형

균형의 낭떠러지

내 머릿속에 있는 손들이 나를 떠나
너에게 날아가 앉았을 때
너에게 가서 비로소 너의 형식이 되었을 때에

나는 그쳤다.

내가 그친 후 나를 목격했다. 내가 더 이상 너와 교환되지 않았을 때에

그 집에는

그 집에는
눈처럼
떨어지고 있는
계단들이 있다.

눈처럼
수평으로 이동하는
눈처럼 백발이 되어버린
계단들이 있다.

검은 사이렌처럼
허공을 내 발들로 채우고

그 집에는
눈처럼
녹고 있는
계단들이 있다.

시각의 완성

고개를 들지 않는 물결같이 눈은 표류한다. 문명을 기입하듯이 눈을 기입하라

눈은 형체를 모으지 못한다. 나는 내가 본 어떤 것이며 내가 보지 못한 어떤 것이다. 눈 뒤에서 아이는 노인의 꿈을 꾼다.

눈은 시대를 거스르는 것이다. 눈은 더 커다란 눈에 속해 있다. 눈은 언제나 이 거대한 눈을 바라보는 것이다. 자신을 향하고 있는

우주의 부서진 시선을

조각난 물고기들이 조각이 생각나지 않는다. 조각을 하나씩 기입하라

그리고 눈동자 없는
닫힌 시야 속에 잠시

떠 있으라

|해설|

잠재적인 것과 해방적인 것

신 형 철

특별히 긴장하지 않으면 삶은 대체로 자신이 가장 편안하다 여기는 쪽을 향해 흘러간다. 아닌 것처럼 보이는 사례들도 실은 그렇다. 어떤 이가 불행의 늪에서 빠져나올 생각이 없어 보일 때, 그는 삶을 바꾸려드는 순간 더 큰 불행이 올 것을 예감하기 때문에 거기에 있는 것이 아닌가. (그러니 누구도 그를 비난할 수는 없을 것이다.) 또 어떤 이가 고난의 길을 자청하고 있을 때, 그는 그 고난을 피하면 겪게 될 마음의 고통이 더 크다는 것을 알기 때문에 거기에 있는 것이 아닌가. (이 마음의 자질이 존경받을 만하다는 것은 말할 필요도 없다.) 하물며 그렇지도 않으면서 우리는 이렇게 태만하고 진부한 '편안함의 세계'를 떠나지 못한다. 그러나 때로 이런 의문과 마주치는 것마저 피하기는 어렵다. 나는 왜 내가 아는 세상만을 살고 있나? 나는 왜 내가 아는 나로만 살아가는가? 그럴 때 어렵고 신기한 시를 읽는 일은 특별한 일이다. 우리는 좋은 사람도 많이 만났고 두꺼운 책도 열심히 읽었다. 그러나 어렵고 신기한 시를 읽을 때면 그런 것들은 문득 소용이 없어지고 우리는 아무것도 모르는 사람이 되어 처음 보는 세상에 다시 태어난다. 왜냐하면 시란 "내가 최초가 되어 최초의 사물을 바라보는 것"(이수명, 『횡단』, 문예중앙, 2011, p. 74)이니까.

입구──현행적인 것과 잠재적인 것

이 얇은 책 안에 한 우주가 있다. 그런데 일찍이 본 적이 없는 곳이어서 당혹스럽다. 흔히들 그러듯이 이를 '초현실주의적'이라거나 '환상적'이라고 하면 되는가? 이것은 당혹스러움의 근원을 시인 쪽에서 찾아보려는 반응이다. 그러나 이 시인은 거의 대부분 자기 자신이 아니라 세계에 대해서 말하고 있지 않은가. 게다가 적어도 그의 어조는 이 세계가 자신이 생각하는 대로 존재한다고 믿는 몽상가의 그것이라기보다는, 존재하는 것들의 존재를 어떻게든 정확하게 인식해내고자 하는 관찰자의 그것에 더 가깝지 않은가. 관행적인 철학 용어를 사용하자면 그는 관념론자idealist가 아니라 실재론자realist다. 상투적인 현실을 재현하는 일에는 관심이 없어 보이지만, 현실 너머의 온갖

초월적인transcendent 것들에 대해서도 마찬가지로 냉담하다는 뜻이다. 비현실적이지만 초월적이지는 않은 세계를 철저한 실재론자의 목소리로 그려낸다? 그래서 이 시인의 세계는 '잠재적인 것the virtual'이라는 개념을 생각하게 한다. 그 무슨 가상현실virtual reality 같은 것을 말하려는 게 아니다. 가상현실은 실재하지 않는다는 의미에서 허상이다. 그러나 '잠재적인 것'은 '실재적인 것the real'이되 다만 '현행적인 것the actual'이 아닐 뿐이다.[1] 문제는 우리가 현행적인 것만이 실재한다고, 또 그것이 현실reality의 전부라고 믿는다는 데 있다.

  이런 말은 어렵게 들린다. 잠재적인 것과 현행적인 것의 관계를 짐작하기 어렵기 때문이다. 눈을 사례로 삼아볼까. 1) 눈은 지각을 축소한다. 예컨대 어떤 색깔을 인지한다는 것은 빛을 일정한 방식으로 현행화한다는 것이다. 그러나 빛의 흐름 그 자체는 현행적인 것이 아니라, 수많은 방식으로 현행화되는, 무한한 가능성(색깔)들의 순수한 잠재성pure virtuality of infinite possibilities이다. 잠재적인 것에서 현행적인 것으로 진행되는 방향이다. 2) 다른 한편으로 눈은 지각을 확장한다. 지금 보고 있는 것을 기억과

---

1) 질 들뢰즈, 『차이와 반복』, 김상환 옮김, 민음사, 2004, pp. 449~50. 국역본의 번역어를 수정했다. the virtual, the real, the actual의 번역어는 통일돼 있지 않다. 여러 연구자들의 논의를 참조하여 여기서는 이를 각각 잠재적인 것, 실재적인 것, 현행적인 것으로 옮겼다.

기대의 복잡한 네트워크 속으로 기입해 넣어서 실제로 보이는 것 이상을 볼 수도 있다. 마치 프루스트가 마들렌 과자를 맛보면서 바로 그와 같은 일을 혀로 행한 것처럼 말이다. 이는 현행적인 것에서 잠재적인 것으로 진행되는 방향이다.[2] 이렇게 잠재적인 것과 현행적인 것은 단지 '실재적인 것 = 잠재적인 것 + 현행적인 것'과 같은 공식으로는 다 포착할 수 없는 불가분의 관련을 맺는다. 그래서 이렇게 말할 수밖에 없다. "순수하게 현행적인 대상이란 존재하지 않는다. 현행적인 모든 것은 잠재적인 이미지들로 이루어진 안개로 둘러싸여 있다." 그리고 "잠재적인 이미지들 또한 현행적인 대상으로부터 분리될 수 없다. 따라서 잠재적인 이미지들은 반드시 현행적인 것 위에서 작용한다."[3]

이쯤 되면 이런 질문이 제기될 법하다. 그래요, 좋습니다. 그래서 이수명의 시는 현행적인 것의 세계가 아니라 잠재적인 것의 세계를 보여주는 데 성공했다는 뜻입니까? 그렇다면 다른 시인들은 고작 현행적인 세계 안에 갇혀 있다는 말인가요? 물론 그런 뜻이 아니다. 우리는 지금 한 철학자의 이론 체계와 한 시인의 작품 세계가 얼마나 닮아

---

[2] 이상의 두 사례는 슬라보예 지젝, 『신체 없는 기관』, 김지훈 외 옮김, 도서출판b, 2006, 1부 1장에서 가져왔다.
[3] 질 들뢰즈, 「현행적인 것과 잠재적인 것」, 『들뢰즈가 만든 철학사』, 박정태 엮고 옮김, 이학사, 2007, pp. 518, 520. 통일성을 갖추기 위해 여기서도 역시 번역어를 일부 수정했다.

있는지를 논증하려는 것이 아니다. 다만 이수명의 최근 시를 읽기 위해서는 우리의 인식 지평을 가능한 한 넓혀둘 필요가 있음을 말하려는 것이다. 자아, 체험, 추억, 재현 등과 같은 프레임으로는 충분하지 않다는 것을 말하려는 것이다. 잠재적인 것들의 세계가 존재한다는 생각, 아니, 이렇게 거꾸로 말해야 더 정확할 텐데, 세계가 잠재적인 것 그 자체라는 생각, 그것이 부분적으로 현행화된 결과물이 바로 우리가 알고 있는 좁은 의미의 현실이라는 생각, 그렇다면 '나'라는 한 생명체에 대해서도 현행적인 것과 잠재적인 것을 말해볼 수 있겠다는 생각 등은 시집을 손에 든 우리를 여유롭게 만든다. 이 세계에 아직 충분히 알려지지 않은 가능성이 존재한다는 것은 멋진 일이다. 그리고 우리가 어떤 시집을 읽으면서 시인과 이런 생각을 공유할 수 있다면 그것은 행복한 일이다.

한 마리의 새 뒤에 수백 마리의 새들이 있다. 수백 마리의 새들을 뚫고 나는 나아간다. 그들을 침범하지 않는다. 새들이 들끓고 있다.

나를 옮긴다. 돌을 옮긴다. 새들이 돌 속으로 들어가고 돌을 빠져 나간다. 새의 반대 방향으로 돌을 옮긴다. 새들이 지켜보는 가운데   ―「새를 전개하다」 전문

서시로 놓여 있는 이 짧은 시를 통해 이 시인에게 시가 무엇인지를 짐작해볼 수 있을까. 앞에서 우리가 넓혀놓은 그 지평 속에서, 바로 그 개념들의 도움을 받아서 말이다. "한 마리의 새 뒤에 수백 마리의 새들이 있다." 하나의 현행적인 것 뒤에는 잠재적인 것들의 거대한 세계가 있다. 시인은 그것들 사이로 나아간다. 그것들을 훼손("침범")하기 위해서가 아니다. 그것들 사이에서, 그것들이 들끓고 있음을 보기 위해서다. 이는 시를 쓰는 '나'에게는 어떤 의미를 갖는 일인가. "나를 옮긴다. 돌을 옮긴다." 어떤 부연 설명도 없이 나란히 놓여 있는 이 두 문장은 '나=돌'로 읽게 한다. 현행적인 것만을 보는 일상적이고 완강한 '나'를 '돌'이라고 할 수 있다면, 그 '돌'을 옮기는 일은 '나'를 잠재적인 것들을 볼 수 있는 위치로 옮기는 일이 될 것이다. 그렇게 나/돌의 위치가 바뀔 때 잠재적인 것들은 나/돌을 관통해서 솟아오를 수 있게 된다. 말하자면 이 시인에게 시는 '나'를 수백 마리 새들의 세계 속으로 옮기는 일, 새들을 침범하지 않으면서 그 세계를 펼쳐내는, 즉 새를 "전개"하는 일이다.

　이렇게 읽는 것이 옳을까? 이 의문은 이 글에서 앞으로 읽을 이 시인의 모든 시에 해당되는 것인데, 이수명의 시를 (통념적인 의미에서의) '해석'의 대상으로 간주하는 것에 나는 회의적이다. 이수명의 시를 해석한다는 말은 마치 기계를 해석한다는 말처럼 어색하게 들린다. 기계? 이제 이수명의 시에서 관습적인 의미에서의 '인간적인 것'을 찾아보기 어려워진 것이 사실이고, 대부분의 시가 마치 연산을 수행하고 있는 듯 보이기도 하지만, 꼭 그런 의미에서만은 아니다. 앞서 인용한 철학자가 '기계적'이라는 말을 사용할 때의 그 의미로 기계적이라는 뜻이다. 그 철학자는 정해진 매뉴얼대로 반복 재생산을 수행하는 폐쇄적인 시스템을 장치적인mechanique 것으로, 매번 다른 기계들과 접속하면서 자기를 갱신하는 개방적인 시스템을 기계적인 machinique 것으로 구별한다. 우리가 '기계'라는 말에서 흔히 연상하는 것은 전자지만, 이수명의 시는 후자의 의미에서 유연하고 역동적인 기계처럼 보인다. 그의 시를 읽는 일은 내가 하나의 기계가 되어서 그것과 접속하고 함께 작동하는 일이다. 이 글이 바로 그런 사례로 받아들여지면 좋겠다. 이 시집에서 '잠재적인 것'이 개시되는 층위를 언어, 세계, 삶의 층위로 나눠 살펴보려 한다.

잠재하는 언어들

이 시집은 언어라는 원료를 가공하여 이 시집에 필요한 가용 에너지를 생산해낸다. 이 단계에서부터 이미 이수명의 시는 낯설다. 이 경우 '왜' 어려운가를 묻지 말고 '어떻게' 어려운가를 물어야 한다. 이수명의 시가 어렵다면, 그것은 이수명만의 방식으로 어려울 것이다. 이 시인이 일반적인 발화의 레일에서 어떻게 탈선하는지를 이해하기 위해서는 먼저 일반적인 발화의 구조를 상정해야 한다. 구조기능주의 언어학의 고전적인 설명에 따르면 발화는 두 개의 층위에서 이루어진다. "발화란 일정한 언어적 속성들을 선택selection하고 그것들을 더 높은 차원의 복잡성을 가지는 언어적 단위들로 조합combination하는 것을 의미한다"(로만 야콥슨, 「언어의 두 측면과 실어증의 두 유형」, 모리스 할레·로만 야콥슨, 『언어의 토대』, 문학과지성사, 2009, p. 81). '사람은 밥을 먹는다'라는 문장의 경우, (1) 각각 유사성similarity의 군(群)을 이루는 세 개의 집합('사람, 철수, 나⋯⋯' '밥, 빵, 떡⋯⋯' '짓는다, 먹는다, 버린다⋯⋯')에서 단어들이 '선택'되고, (2) 이 단어들이 '사람, 밥, 먹는다'가 형성하는 인접성contiguity에 근거해 '조합'됨으로써 형성된다. 실어증에 두 가지 유형이 있는 것은 발화가 이렇게 선택과 조합이라는 두 층위를 거치기 때문이다.[4] 그렇다면 어떤 시가 일반적인 발화의 레일에서 탈선할 때 그것은 선택의 탈선 혹은 조합의 탈선일 것이다.

날이 차갑다. 날이 또렷하다. 날에서 상한 냄새가 난다.

---

4) 이 두 층위는 각각 은유와 환유의 발생 근거가 된다. 그러나 여기에는 엄밀히 따져봐야 할 것들이 많다. 이에 대해서는 김태환, 「은유와 환유」, 『문학의 질서』, 문학과지성사, 2007을 참조.

리듬이 끝났다. 너는 볕을 쐬려 한다. 볕을 조금만 더 쐬려 한다. 둥근 등받이 의자에 너를 걸쳐놓는다. 날이 차갑다. 두 개의 날이 섞이지 않는다. 두 개의 날이 어떤 날이었는지 알 수가 없다. 어느 날 너는 날을 침범한 것이다. 날과 날의 영역을 범한 것이다. 다시 날이 차갑다. 너는 볕을 쐬려 한다. 울퉁불퉁한 볕을 향해 몸을 기울인다.

—「어느 날」 전문

시집을 읽을 때는 제목부터 읽게 되니 독자는 자연스럽게 one day를 생각하며 도입부로 진입할 것이다. "날이 차갑다." 날씨가 춥다는 뜻으로 받아들일 수 있다. "날이 또렷하다." 약간 미심쩍기는 하지만 날씨가 맑다는 뜻으로 받아들이기로 하자. "날에서 상한 냄새가 난다." 공기 중에 상한 냄새가 감지된다는 뜻? 말이 안 되는 건 아니지만 이쯤 되면 뭔가 잘못된 길을 가고 있다는 느낌을 지우기 어렵다. 여기서 어떤 독자는 이 시의 "날"이 '날day'이 아니라 '날blade'일 수 있겠다는 사실을 뒤늦게 간파하게 될 것이다. 그리고 도입부 세 문장이 "어느〔칼〕날"의 느낌을 묘사한 것일 수 있음을 비로소 이해하게 될 것이고, 이어지는 문장도 이런 방식으로 읽어야 한다는 사실을 깨닫게 된다. 방금 전까지 누군가가 리드미컬한 칼질을 했고("리듬이 끝났다"), 지금은 그 칼을 씻은 다음 햇볕에 말리고 있다("너는 볕을 쐬려한다")고 말이다. 그렇다고 이 시가

day가 아니라 blade에 대한 시라고 단정하는 것은 적절하지 않다. 정확히 말하자면 이 시는 그 둘 사이의 혼란을 의도적으로 조장하고 있고, 그 혼란이 끝까지 유지되는 한에서만 시로서의 긴장을 갖는다.

　이 시는 선택의 축에서 날day과 날blade 중 어떤 것이 선택되었는지를 불명확하게 처리했기 때문에 어려워졌다. 한국어 '날'이 최소한 두 가지 이상의 의미를 갖고 있다는 사실을 활용한 경우다.[5] 그러나 이는 간단하고도 예외적인 경우다. 간단하다고 말한 것은 이 시에서 '날'이 동음이의어일 수 있다는 사실을 간파하기만 하면 곧 그 혼란을 즐길 수 있게 되기 때문이다. 예외적이라고 말한 것은 '날'이라는 단어가 그것이 day건 blade건 여하튼 일상어의 범위를 벗어나지 않는 반면, 다수의 다른 시에서 이 시인은 일상어로서는 말할 것도 없고 시어로서도 거의 괴팍하게 느껴지는 언어들을 선택하기 일쑤여서다. 「비인칭 그래프」 「비의 연산」 「원리의 선택」 「그의 기호학적 의미」 「나의 부드러운 현존」 「공간의 이해」 등등의 제목만 봐도 이미 그렇다. 그러나 이 역시 놀랍다고까지 할 일은 아니다. 1930년대 초입의 이상(李箱)에서부터 2000년대 후반의 조연호에 이르기까지, 시어의 국경은 오랫동안 다양한 방식으로 뚫렸다. 이수명의 경우 더욱 눈여겨봐야 할 것은 '조합의

---
5) 여기에 「밤의 후렴구」를 추가할 수 있을 것이다. 이 시는 '들다(擧)'와 '들리다(憑)' 사이의 혼란을 효과적으로 활용한 경우로 보인다.

축'이다. 그가 주어, 목적어, 서술어 등의 문장 성분들을 조합하는 방식은 인접성의 규율을 조직적으로 교란한다. 1부에서 두 편만 골라본다.

> 순간이 무성해진다. 순간을 뻗어보면 순간이 아프고
> 순간의 대립이 엎어진다.
> 바닥에 떨어진 방은 도막이 났다. 도막이 없어진다.
> 도처에서
> 나는 관련을 결여하고 있다.
> ──「순간이 무성해진다」 부분

> 깊은 밤 검은 우산이 홀로 떠 있는 명령을 내린다. 그냥 떠 있는 것을 사랑해 우리는 일제히 비예요.
>
> 우리는 비의 형식이면서 동시에 비의 배경이다. 우리는 세계를 채운다. 우리는 우리 이전과 구분되지 않는다.
>
> 합이 도출되지 않는 이 끝없는 연산을 무엇이라 부를까. 만나지 않는 선들이 그냥 떠 있지 그냥 사랑해 더 가늘게 더 두텁게 불확실하게 ──「비의 연산」 부분

앞의 시에서 "순간이 무성해진다"라는 구절은 인접성을 갖고 있지 않은 주어와 술어가 만나 탄생했다. 철학에서

흔히 사용되는 개념쌍 중에 '사유와 연장'이 있다. 연장(延長, extension)은 본래 늘이거나 뻗는 행위를 뜻하거니와, 철학적으로는 '공간의 일정 부분을 점유하는 물체의 속성'을 가리킨다. '무성해지다'라는 서술어는 그런 의미에서의 '연장'을 전제하는데 "순간"이라는 주어에는 바로 그것이 없다. 뒤를 잇는 "순간을 뻗어보면"이라는 표현은, 시인의 의도야 어쨌건, '연장'이라는 개념의 본래 뜻('뻗다')을 더 직접적으로 환기하고 있어 흥미롭다. 한편 "바닥에 떨어진 방은 도막이 났다"라는 구절은 '전체와 부분'의 관계를 비틀었다. 전체("방")가 부분("바닥")으로 떨어질 수는 없는 노릇이다. 게다가 바닥은 본래 이미 방에 떨어져 있는 것이니, 저 문제의 구절은 '방에 떨어진 바닥'을 '바닥에 떨어진 방'으로 뒤집은 것일 수 있다. 요컨대 이 시에서 시간과 공간은 각자 이상하게 뒤틀려 있다. 이 현상은 화자가 지금 주변과 "관련을 결여"하고 있다고 느끼는 심리적 상태의 반영일 것이다.

뒤의 시에서 "깊은 밤 검은 우산이 홀로 떠 있는 명령을 내린다"의 경우는 더 복잡하다. 이 요소들 사이에 인접성이 있는가? 이 문장을 '조합'되기 이전 상태로 되돌리면 '깊은 밤+검은 우산[이]+홀로 떠 있는 명령[을]+내린다'가 되고, 이를 더 축소하면 '우산이 명령을 내린다'가 된다. 이 시의 기본적인 정황은 비가 내리는 날에 사람들이 우산을 들고 서 있는 장면이다. 이 정황으로부터 몇 단계의 비틀림을 거쳐 저와 같은 첫 문장이 탄생했을 것이다. 첫째, '내리다'라는 서술어를 공유하기 때문에 발생한 '비'와 '명령' 사이의 인력. 둘째, 비가 내리는 것은 달리 보면 구름의 명령일 수 있겠다는 발상. 셋째, 그렇다면 구름은 '공중에 떠 있는 명령'으로 은유될 수 있다는 착안. 넷째, 우산을 쓰고 있는 이에게 비는 우산을 경유해서 내 앞에 떨어지므로 구름의 명령을 이행하는 것은 곧 우산이라는 현상학적 관찰. 이런 생각들이 복합적으로 뒤엉켜서 첫 문장을 낳았을 것이다. 그렇다면 이 시는, 비 내리는 어두운 밤에, 밤과 검은 우산과 인간 등이 비를 매개로 각자의 경계를 잃어버리는 상태를 노래한 것으로 읽힌다.

  이런 식이다. 이런 구절들은 왜 독자를 당황하게 하는가? 발화를 구성하는 선택과 조합의 단계에서 조직적인 분란이 발생하기 때문이다. 보편적으로 받아들여지는 유사성(선택)과 인접성(조합)의 규율을 (이 시인의 경우에는 특히 후자를) 무시하기 때문이다. 어떤 문장을 보고 선택과 조합의 부자연스러움을 느낀다는 것은 우리가 유사성과 인접성에 대한 특정한 관념을 이미 공유하고 있다는 것을 뜻한다. 그리고 바로 이런 관념들이 세계라는 거대한 건축물을 떠받치는 철골이다. 보편적으로 받아들여질 만한 방식으로 문장 성분들을 선택하고 조합하는 매번의 과정은 본의 아니게 이 세계의 나사를 한 번 더 조이는 일일 수 있다. 시인이 시로 세계를 바꾸려 할 때 그가 할 수 있는 일

중의 하나는 바로 현존하는 세계의 나사들을 푸는 일일 것이고 그 방법 중의 하나는 유사성과 인접성의 통념적 구조를 해체하는 문장들을 생산하는 일일 것이다. 이런 시도는 언어에서의 '잠재적인 것'들을 해방시켜 '잠재적인 것'으로서의 세계를 작동시킬 수 있다.

잠재하는 세계들

세계의 나사가 풀리면 이미지로서의 세계가 활성화된다. 이미지로서의 세계? '세계의 이미지'나 '이미지의 세계'를 말하려는 것이 아니다. '세계가 곧 이미지'라는 뜻이다. 이미지 이론의 계보에서 독특한 자리를 차지하는 베르그손은 그의 고전적인 저서를 이렇게 시작한다. "잠시 동안 우리가 물질에 관한 이론들과 정신에 관한 이론들에 관해, 외적 세계의 실재성이나 관념성에 관한 논의들에 대해 아무것도 알지 못한다고 가정해보자. 그러면 나는 사람들이 사용할 수 있는 가장 막연한 의미에서의 이미지들, 즉 내가 감관들을 열면 지각되고, 내가 그것들을 닫으면 지각되지 않는 이미지들 앞에 있게 된다"(앙리 베르그손, 『물질과 기억』, 박종원 옮김, 아카넷, 2005, p. 37). 베르그손은 관념론이나 실재론 따위는 잊어버리자고 말한다. 그럴 때 이미지는 "관념론자들이 표상이라고 부르는 것보다는 '더'한,

실재론자들이 사물이라고 부르는 것보다는 '덜'한"(앙리 베르그손, 앞의 책, p. 22, 번역 수정) 것으로 나타난다. 요컨대 이미지는 관념과 물질의 중간 상태라는 것이다.

중간 상태? 그러나 이미지는 본래 '중간'에 어정쩡하게 끼어 있는 것이 아니었던가? 고전적인 철학 이론에서 이미지는 이데아의 모상의 모상일 뿐이라거나 혹은 이미지와는 별개의 것인 물자체가 있다거나 하는 발상들 속에서 늘 그런 대접을 받아오지 않았던가. 획기적인 전환은 그다음 단계에서 일어난다. 베르그손은 관념과 이미지와 물질 사이에는 '정도의 차이'밖에 없다고 말한다. 이렇게 말할 수 있는 것은 그가 실재하는 것은 오로지 '변화'일 뿐이며 우리가 지각하는 대상의 '형태'는 그 변화의 순간적인 외양일 뿐이라고 보았기 때문이다. "실재적인 것은 연속적인 형태 변화이다. 즉 형태는 변화 위에서 취해진 순간성일 뿐이다"(앙리 베르그손, 『창조적 진화』, 황수영 옮김, 아카넷, 2005, p. 448). 그 순간성의 여러 국면들이 다양한 이미지로 나타나는데 우리는 그중 한 국면을 사물의 실체로 착각하게 된다. 요컨대 이미지는 진짜인 것과 가짜인 것의 '중간'이 아니다. 그러므로 실체도 아니고 허상도 아니다. 아니, 그런 프레임 자체가 부적절하다. 이미지는 끊임없이 변화하는 세계의 어떤 순간적인 국면이라는 점에서 '중간'이다. 이미지는 '운동하는 실재의 한 단면'이다. 즉, 이미지는 그 자체가 실재다.[6]

이를 '이미지의 실재론'이라고 부를 수 있을 것이다(안 소바냐르그, 『들뢰즈와 예술』, 이정하 옮김, 열화당, 2009, p. 74). 특별히 이 입장을 소개한 것은 우리의 시인이 이렇게 말한 적이 있기 때문이다. "존재하는 모든 것들은 오로지 이미지로 존재한다. 우리가 다른 존재에 대해서 가지는 이미지, 아마 이것이 그에 대해 알 수 있는 전부일 것이다. 존재는 이미지에 다름 아니다"(이수명, 앞의 책, p. 87). 물론 이미지는 모든 시인의 것이다. 그러나 모든 것이 다 이미지라고 믿는 시인은 드물다. 그 믿음은 상식의 논리는 말할 것도 없고 시에서 허용되는 웬만한 이미지의 논리조차도 넘어선다. 이미지의 논리는 유사성(은유)과 인접성(환유)이라는 조건 안에서 움직인다. 그러나 이수명의 시에는 '조건'이 없다. 견고한 현실(실체 혹은 본질)이 있고 그것에 대한 형상화로서의 이미지가 있는 것이 아니다. 모든 것이, 처음부터, 그 자체로, 이미지들이다. 그가 문맥에 연연하지 않고 '발생하다'라는 서술어를 자주 사용하는 것은 그 때문일 것이다. 곳곳에서 이미지들은 비약적으로 뒤엉키고 그 덕분에 현행적인 세계에서는 존재하지 않는 그 무엇인가가 '발생'한다. 아니, 더 정확히 말하면 지금도 쉼 없이 계속되는 이 세계의 다양한 '발생'들의 한 국면이

---

6) 이상의 논의에 대해서는 황수영, 「이미지의 어원과 베르그손의 이미지 개념」, 『물질과 기억—시간의 지층을 탐험하는 이미지와 기억의 미학』, 그린비, 2006의 설명이 간명하고 친절하다.

그의 이미지들로 나타난다고 해야 한다. 이 '이미지의 실재론'이 '잠재하는 세계'로 우리를 초대하는 이수명 시의 한 열쇠다.

  한 시집의 이미지 군(群)을 분류하는 방법에는 여러 가지가 있겠지만 이 시집의 경우 가장 적절한 기준은 경도(硬度)일 것이다. 주요 이미지들을 경도를 기준으로 배열하면 촘촘한 스펙트럼이 형성된다. 가장 왼쪽에는 '딱딱한 것'들이 있다. 기계공학의 용어를 사용하자면 '강체rigid body'들이다. 이것은 그 자체로 '견고한 현실rigid reality'이다. 가장 오른쪽에 '물렁물렁한 것'들이 있다. 이 시인의 표현을 빌리자면 "부드러운 현존"(「나의 부드러운 현존」)들이다. 한 시집의 이미지들이 형성하는 스펙트럼을 분석해보면 그 시집이 꾸는 꿈을 들여다볼 수 있다. 그 꿈은, 오마르 카이얌의 어떤 구절("아아, 이 세계를 완전히 분해해서 다시 조립할 수 있다면")을 변주해서 말한다면, 이 세계를 완전히 다시 빚고 싶다는 욕망이다. 특정한 방식으로 현행화된 세계를 잠재적인 것들의 장으로 되돌려 다른 가능성을 찾고 싶은 욕망이다. 그 욕망 때문에 이 시인은 계단, 복도, 모서리 등과 같은 물질-이미지들을 그냥 지나치지 못한다. 그것들은 굳어지기 이전 상태로 되돌아가서 다시 반죽된다. 계단은 재배열되고(「계단이 존재하는 곳」), 복도는 재구성되고(「일시적인 모서리」), 벽은 다시 세워진다(「불가능한 벽」). 말장난을 해도 좋다면, 이수명의 시에서 이미지란 '이미 지(知)'〔already known〕를 '이 미지(未知)'〔this unknown〕로 바꾸는 공정의 재료이자 결과이다.

　계단에서 아이들이 놀고 있다. 계단을 생략하고 계단을 끌어내리고 아이들이 놀고 있다.
　계단이 존재할 곳은 어디인가

　계단끼리 부딪쳐 구부러지는 것이 즐겁기만 하다. 굽은 표면 위에서 구부러지는 아이들,
　아이들의 불가능한 배열로 계단은 공평해지고

　누구의 입김에 와서 그을음이 이토록 연약하게 걸려 있기에 아이들이 계단을 떼어내는 것일까 계단을 밟고 다니도록 벌을 내린 계단이 존재하는 곳은 어디인가

　허공을 흘러내리는 아이들
　계단이 놀고 있다.　　　──「계단이 존재하는 곳」전문

　시인은 계단에서 아이들이 놀고 있는 모습을 본다. 세상에서 가장 딱딱한 곳에서 세상에서 가장 자유로운 영혼들이 놀고 있다. 어른들에게 계단은 상하 이동의 수단일 뿐이다. 오를 때 힘들고 부딪치면 다치는 곳이다. 언젠가부터 우리 모두가 그렇게 합의해버렸다. 그러나 아이들은

계단에서 '논다.' 아이들의 능력은 어여쁘다. 첫째, 대상의 현존을 긍정한다. 계단은 어떻게 이렇게 구부러지면서 잇닿아 있을까. "계단끼리 부딪쳐 구부러지는 것이 즐겁기만 하다." 둘째, 대상의 현존에 협력한다. "굽은 표면 위에서 구부러지는 아이들." 셋째, 이것은 앞의 두 단계를 전제할 때만 가능한 일인데, 비로소 대상을 다시 반죽할 수 있게 된다. "계단을 생략하고 계단을 끌어내리고 〔……〕" 이와 같은 아이들만의 능력 덕분에 계단은 그 순간만큼은 그 용도와 속성에서 해방된다. 적어도 아이들에게 점령당해 있을 동안만큼은 계단은 계단이기를 중지한다. "계단이 존재할 곳은 어디인가." 그래서 이 시는 "계단에서 아이들이 놀고 있다"로 시작해서 "계단이 놀고 있다"로 끝날 수 있었다. 이번에는 좀 덜 딱딱한 나무의 세계로 가볼까.

나무가 올 때 나는 나무의 나머지이다. 나무와 마주칠 때 마주치고 나서 나무가 여기저기 고일 때 나는 나무의 나머지이다. 나무는 나뭇가지들을 하나씩 끄고 굳어진다.

나는 나무를 바꾼다. 나는 나무의 나머지이다. 내가 나무를 알아보지 못할 때 나무는 물렁해지고 나무를 이겨낸다. 나무는 공중에서 나를 덮친다. 오늘은 새처럼 젖은 발을 들고 있다.

나의 뒤에서 날아다니는 나무들 나는 나무에 칼을 던진다. 나무는 얼마나 높이 올라가 헝클어지는가 나는 나무의 나머지이다. 칼자국들이 내 얼굴을 부수고 있다.
　　　　　　　　　——「나무의 나머지」 전문

먼저 1연. 내가 문득 나무를 인지하게 되는 순간이 있다. 나무는 움직이지 못하지만 이럴 때만큼은 마치 그것이 나에게 '온' 것 같다. 그때 나무의 이미지가 나의 모든 주변을 장악하고("나무가 여기저기 고일 때"), 이 세상에는 나무와 나만 존재하는 것 같아서 나는 세상에서 나무를 뺀 나머지이다("나는 나무의 나머지"). 그런데 나무의 입장에서 보자면 이것은 나무가 기성의 관념에 포획되는 것이어서 나무의 전원은 꺼지고 그대로 굳어버린다. 그리고 2연. 반대로 내가 나무를 인지하지 못할 때, 그러니까 나무가 (재)인식이라는 폭력에서 벗어날 때, 나무는 온전히 그 자신일 수 있고 심지어 다른 무엇이 될 수도 있다. 경도가 약해지면서("나무는 물렁해지고") 그 자신의 한계를 이겨내고("나무는 〔……〕 나무를 이겨낸다.") 급기야는 새가 될 수도 있다("새처럼 젖은 발을 들고"). 마지막 3연. 사물이 인간의 인식을 **빠져나가는** 것은 두려운 일이어서 나는 다시 "나의 뒤에서 날아다니는 나무들"을 향해 칼을 던진다. 그러나 그 칼들은 외려 나의 정체성("내 얼굴")을 부순다.

나무에 대한 나의 인식이 붕괴되는 것을 막을 수는 없다. 나무는 우리가 알고 있는 그 나무의 '나머지'에 해당하는 잠재적인 것의 세계를 늘 품고 있다. 이제는 가장 덜 딱딱한 것의 세계로 가볼까.

물을 두드리면 물은 거의 그대로이다. 나는 날마다 물을 복용하지만 갇혀버린 물은 일종의 수사에 불과할지도 모른다.

잠자는 물, 잠자면서도 잠들려 하는 물

[······]

하나의 지느러미가 나를 뒤덮는다. 하나의 육체로 나는 육체에 대꾸한다. 하나의 물고기로 집결했을 때 나는 물고기가 되려 한다.

하나의 덩어리가 되려 한다. 아무런 효과도 없이 덩어리의 영향을 받으려 한다. 내가 갔던 방향으로 내가 소비되지 않았던 방향으로

나는 얼마든지 나타나는 것이다. 물고기를 불러일으키며 이제 태어나는 물 태어나고 난 후 태어나려 하는 물
—「물고기의 기원」 부분

이번에는 물(고기)이다. 우리가 일상적인 방식으로 컵에 물을 따라 마실 때 그 물은 아무것도 아니다. 그것은 컵에 "갇혀버린 물"이고 '두드려도 그대로인' "잠자는 물"이다. 식당이나 찻집에서 우리가 습관적으로 물을 마시는 행위를 생각해보라. 그것은 문장으로 치자면 있어도 그만 없어도 그만인 "수사(修辭)"에 불과하다. 그러나 어떤 날에는 내 몸속에 들어온 물을 "양치식물"처럼 인식하게 되는 때가 있을 것이다. 그 인식에 가만히 몰두해 있으면 그런 날 내 몸에는 지느러미가 돋고 나는 물고기가 되는 것만 같다. 이것이 "물고기의 기원"이다. "나는 얼마든지 나 타나는 것이다." 이제 "잠자는 물, 잠자면서도 잠들려 하는 물"이 "태어나는 물 태어나고 난 후 태어나려 하는 물"로 도약했다. 앞의 시들과 함께 정리해볼까. 계단이 있고, 나무가 있고, 물이 있다. 계단은 놀려 하고, 나무는 새가 되려 하고, '나'는 물고기가 되려 한다. 인간이 잠들 때 세계는 이미지로 꿈을 꾼다. 잠재하지만 실재하는 세계가 모습을 드러낸다. 그리고 그 꿈은 이제 인간의 삶에 침투한다. 무엇을 위해서? 궁극적으로는 당신의 '잠재적인 것'을 불러내기 위해서.

잠재하는 삶들

잠재하는 삶의 다양한 분출을 들여다보기 전에 그와 같은 창조를 가능하게 하는 장(場)을 먼저 살펴보면 어떨까. 「비인칭 그래프」라는 시가 있다. '비인칭'이라는 단어는 일상적인 한국어에서는 거의 사용되지 않는 인공적인 언어에 가깝다. 이 단어를 impersonal의 번역어라고 이해하는 것이 더 편리할 수도 있을 것 같다. 이 단어를 한국어로 옮길 때에는 그 뉘앙스를 살펴 다음 세 가지 가능한 역어 중 하나를 선택해야 한다. (1) 흔히 인간미가 없다는 뜻의 '비인간적인' (2) 특정 개인과 상관이 없다는 뜻의 '비개인적인' (3) 문법적으로 인칭을 지정할 수 없다는 뜻의 '비인칭적인' 등의 역어가 가능하다. 즉, impersonal한 세계는 흔한 말로 웃음과 눈물이 있는 그런 인간적인 세계가 아니고(비인간적인), 특정 개인의 경험으로 귀속되는 어떤 세계가 아니며(비개인적인), 문법적으로 나, 너, 그, 그녀 등의 인칭을 부여할 수 있는 세계도 아닌 것이다(비인칭적인). 이 시가 들여다보고 있는 것은 바로 그런 의미에서의 impersonal한 세계로 보인다.

눈을 뜨지 않고
나는 오늘 오는 중이다.

얼음과 구름의 그래프 철과 오페라의 그래프 쏟아지는 파과들과 동시다발적인 그래프

나는 솟아나는 중이다. 여기에서 거기로

아름다운 풍습에 물들어 날마다의 밑줄들을 매달고 있는 오선지들이 탈선하고 있으니까 거기에서 지금으로 내일이 휘어진 것이라면 오늘을 돌파하지 못하겠지 그러니 이젠 아니다. 떨어져 나간 의족에 뺨을 부비고 서서 지금이 내일이다. 내일이 쏟아지는 오늘이다.

떨어져 나간 자물쇠가 저 혼자 열리는 꿈을 꾸고 있으니까

양말이 발을 실현하듯 나는 오는 중이다. 양말을 뒤집어 보자. 목소리가 없다. 목소리 없이 아주 길게 시동이 걸린다. 한꺼번에 춤을 추자. 거기에서 여기로 솟구치는 동안

거기를 빌린다. 오늘을 오늘 태어난 표들을 빌린다. 이상한 도표들을 펼치면서 걸어간다. 이건 당나귀 이건 자장가 어디선가 나타나는 또 다른 손목들 언제나 더 많은 붕괴들에 불과하다. 당황하는 통계들에 예를 갖추자. 눈을 뜨지 않고

익명의 그래프들이 일어서고 있다. 번개와 광고의 그래프

빌딩과 총알의 그래프 급진적인 그래프 무너지는 그래프 쓸
모없이

나는 오는 중이다.
비인칭 그래프   ——「비인칭 그래프」전문

　이 시를 논리정연하게 재구성하는 일은 거의 불가능해
보인다. 분명한 것은 이곳에서 지금 뭔가 '부단한 발생이
발생하고 있다'는 사실이다. 이 시의 서술어들을 차례로
나열해보면 이렇다. 온다, 솟아난다, 탈선한다, 쏟아진다,
떨어져 나간다, 솟구친다, 펼친다, 일어선다…… 이런 일
들이 "여기에서 거기로" 혹은 "거기에서 여기로" 발생한
다. 이 발생들의 주체/주어는 무엇인가? 일차적으로는
'나'이지만 근본적으로는 나를 관통하는 이 세상의 모든 다
양한 살아 있는 것들의 힘들이다. 그 힘들이, 여기에서 거
기로 혹은 거기에서 여기로, 솟아나고 쏟아지고 솟구친다.
그 양상을 그래프로 그릴 수 있을까? "얼음과 구름의 그
래프"에서부터 "빌딩과 총알의 그래프"에 이르기까지 무수
한 그래프가 그려질 것이다. 이를 통칭해서 "익명의 그래
프"라고 해보자. 이 그래프는 힘의 흐름을 명확하게 포착
하는 것을 목표로 하는 그래프의 통계학적 기능을 마비시
킬 것이다. 이 "익명의 그래프"가 "당황하는 통계들"을 침
범하는 세계, 그것이 바로 이 시가 들여다보고 있는 세계

다. 이 시를 논리정연하게 재구성하는 일이 거의 불가능하다면, 그것은 이 시가 애초에 그럴 수 없는 세계를 겨냥한 탓일 수 있다. 이 세계란 대체 무엇인가?

조금 어렵지만 한 철학자를 따라 '선험적인 장transcendental field'라 불러보면 어떨까. "선험적인 장이란 무엇인가? 우선 선험적인 장은 그것이 (경험적인 재현의) 대상을 가리키지도 않고, 또 (경험적인 재현의) 주체에 속하지도 않는다는 점에서 경험〔적인 장〕과 분명히 구분된다. 또한 선험적인 장은 비-주체적인a-subjective 의식의 순수 흐름으로, 전-반성적이고pre-reflexive 비인칭적인impersonal 의식으로, 자아가 배제된 의식의 질적인 지속으로 나타난다"(질 들뢰즈, 「내재성 : 생명……」, 『들뢰즈가 만든 철학사』, p. 509, 번역어 일부 수정). 이데아, 신, 진리 등등의 그 어떤 초월적인transcendent 것도 이 세계에는 없으므로 이 장을 내재성immanence의 장이라고 부를 수도 있다.[7] "어떤 것 속에 있지도 않고, 어떤 것에 대하여 있지도 않으며, 어떤 대상에 의존하지도, 어떤 주체에 속하지도 않는"(같은 글, p. 511)다는 의미에서 이것은 외부를 전제한 내부, 즉 상대적인 내재성이 아니라 그냥

---

7) 물론 이 '초월적인transcendent 것'은 앞서 등장한 '선험적인transcendental 것'과는 다르다. 전자는 '내재적인immanent 것'과 구별되고 후자는 '경험적인empirical 것'과 구별된다. 초월적이지 않으면서 선험적인 세계라는 점, 그것이 바로 우리가 지금 관심을 갖고 있는 저 거대한 잠재성의 세계의 한 핵심이다.

절대적인 내재성 혹은 순수 내재성이다. 한 걸음 더 나아 가자. "이 같은 순수 내재성을 다른 어떤 것이 아닌 생명 une vie이라고 말할 것이다"(같은 글, p. 512). 누구의 것도 아니면서 우리 모두의 것인, 그래서 정관사가 아니라 부정관사가 붙은 '생명'의 세계다. "실제로 생명은 도처에 존재한다"(같은 책, p. 514). 도처에 존재하는, 선험적인, 달리 말해, 비인간적이고 비개인적이며 비인칭적인, 그냥 뭉뚱그려서 생명의 세계라고 말할 수밖에 없는 그런 거대한 잠재성의 세계, 우리 삶의 '잠재적인 것'들은 그 세계로부터 온다. 이번 시집에서 가장 인상적인 세 편의 시로 그 세계를 엿볼 수 없을까.

창을 바라본다. 창문이 비추고 있는 것

이것이 누군가의 생각이라면 나는 그 생각이 무엇인지 모르는 채 누군가의 생각 속에 붙들려 있는 것이다.

내가 누군가의 생각이라면 나는 누군가의 생각을 질료화한다. 나는 그의 생각을 열고 나갈 수가 없다.

나는 한순간,
누군가의 꿈을 뚫고 들어선 것이다.

나는 그를 멈춘다.

커튼이 날아가버린다. 나는 내가 가까워서 놀란다. 나는 그의 생각을 돌려보려 하지만 동시에 그의 생각을 잠그고 있다. 나의 움직임 하나하나로

창문이 비추고 있는 것
지금 누군가의 생각이 찢어지고 있다.
      —「창문이 비추고 있는 것」 전문

첫번째 통로는 '창문'이다. "창문이 비추고 있는 것"은 창밖 풍경일까 아니면 창문에 비친 나일까? 둘 다일 것이다. 즉, 풍경 속에 희미하게 엉켜 있는 내 모습일 것이다. 우리가 흔히 지나치지만 어떤 경우에는 꽤 신비롭고 매혹적으로 보일 수 있을 그 모습을 바라보면서 '나'는 지금 자신이 "누군가의 생각" 속에 들어와 있는 것이 아닌가 하는 의혹을 품는다. 여기가 이 시의 도약대다. 그렇다면 '나'는 누군가의 생각이 현실화되기 이전의 재료("질료"라 해도 좋고 "꿈"이라 해도 좋다)인 셈이다. 그러나 정작 '나'는 그 생각이라는 것이 어떤 것인지를 알지 못한다. 그러므로 나는 누군가의 생각 속에 갇혀 있는 것이고 나는 그 생각을 열고 나갈 수가 없다. 이 와중에 '나'는 이 상태에 개입해야 한다고 마음먹는다. "나는 그를 멈춘다." 그러자 (아마

도 창문을 둘러싸고 있는 것일) 커튼이 날아가버린다. '나'는 자신의 의지가 즉각적인 변화를 가져온 것을 목격하고 놀란다. "나는 내가 가까워서 놀란다." 그 변화는 돌이킬 수 없다. "지금 누군가의 생각이 찢어지고 있다." 이렇게 읽을 경우 이 시는 당신이 보고/알고 있는 세계가 당신 자신의 것이 맞는지를 묻는 시가 된다. 그러나 이 대목에서 이 시를 기성의 관념에 사로잡혀 있는 자신의 삶을 찢어버리라고 권유하는 작품이라고 읽는 것은 좀 안이한 선택 같다. '나'라는 존재가 "누군가의 생각"이라면, '또 다른 누군가의 생각'과 그 속에 있는 '또 다른 나'도 있을 수 있다는 것, 그 '잠재하는 세계'에서의 '잠재하는 삶'의 가능성을 환기하는 시,라는 정도의 판단에서 멈추는 게 나을 것이다. 그렇게 읽는 것이 이 시의 매력을 소모하지 않는 길이다.

치마를 펼치고 걷는다. 치마는 펼쳐지지 않고 나를 감는다. 치마가 텅 비어 있도록 다시 치마를 펼친다. 치마에서 나가자.

슬픔의 발달 이후 여러 개의 손가락이 똑같이 움직이기 시작한다. 슬픔이 성사되어 슬픔이 타락한다. 움직이지 않는 신호들이 한꺼번에 흔들리는 일요일

신호들은 연결되지 않는다. 부서져버린 모퉁이가 너무 커서 모퉁이는 되돌아가지 못하고 부서지는 순간 몇 겹으로 깨어진 방향을 생각해내지 않는다.

  치마에서 나가자. 치마의 주름이 날카로워지고 현명해지는 날 그렇게 치마는 갑작스러운 일이어서 나는 내일을 이해하고야 만다. 눈꺼풀 속에서 눈을 움직인다.
    ──「일요일과 초과」부분

  두번째 통로는 '치마'다. 어느 일요일의 외출이 소재가 되었다. "치마를 펼치고 걷는다." 그러나 이 의지는 곧바로 제지당한다. "치마는 펼쳐지지 않고 나를 감는다." 그 순간 시인에게는 '펼치다'라는 서술어가 '능력을 발휘하다' 혹은 '생각을 전개하다'와 같은 의미로 사용되기도 한다는 사실이 떠올랐을까. 그랬다면 치마가 펼쳐지지 않고 '나'를 감는 그 상황은 시인에게 '능력/생각의 펼쳐짐'을 가로막는 이 세계의 어떤 억압을 떠올리게 했을 것이다. 바로 그때 결정적이고 매력적인 구절이 탄생한다. "치마에서 나가자." 우리는 언제부터 치마에 갇히게 되었던가. 애초 어떤 억압에 부딪칠 때 느끼게 되는 감정은 불분명하고 복합적인 감정일 것이다. 그런데 그 감정이 점차 형태를 갖추고(슬픔의 "발달"), 마침내 특정한 방식으로 또렷해지는 순간(슬픔의 "성사"), 그 감정은 모호함을 잃는 대신 상투적인 것이 되고 만다(슬픔의 "타락"). 바로 그런 식으로, 우리가 우리의 감정을 상투적인 것으로 경험할 때, 우리는 치마에 갇힌다. 그러나 어느 일요일에, 한번 부서진 모서리("모퉁이")가 다시 원래 자리로 돌아갈 수 없듯이, 그 치마의 우울은 끝난다. 그래서 '일요일'이라는 시간은 묘하다. 일요일은 현행적인 것의 압력이 가장 느슨해지는 날, 다른 세계에서 발송한 유혹적인 초대장이 나에게 도착하는, 어떤 "초과"의 날이다.

> 우리에게는 언제나 너무 많은 비들이 있고
> 왼쪽 비는 내리고 오른쪽 비는 내리지 않는다.
>
> 내가 너의 손을 잡고 걸어갈 때
> 육체가 우리에게서 떠나간다.
> 육체가 우리를 쳐다보고 있다.
>
> 우리에게서 떨어져 나가 돌아다니는 단추들
> 단추의 숱한 구멍들
>
> 속으로
>
> 왼쪽 비는 내리고 오른쪽 비는 내리지 않는다.
> ──「왼쪽 비는 내리고 오른쪽 비는 내리지 않는다」 부분

세번째 통로는 '손'이다. "내가 너의 손을 잡고 걸어갈 때/왼쪽 비는 내리고 오른쪽 비는 내리지 않는다." 이 매혹적인 시를 처음 접하고 짧은 글을 쓰게 되었을 때 나는 이 첫 구절 속에 하나의 우산을 함께 쓰고 있는 남녀의 모습을 그려 넣었었다(졸저, 『느낌의 공동체』, 문학동네, 2011, p. 204). 그것은 몸의 한쪽이 젖는데도 연인이 젖을까 봐 우산을 상대방 쪽으로 더 기울이는 남녀의 낭만적인/관습적인 풍경 속으로 이 시를 밀어 넣는 일이었다. 그렇게 읽지 않는 편이 나을 것이다. 이 시는 어디에도 우산을 감추고 있지 않다. 나와 너는 단지 손을 잡았을 뿐이다. '나'는 '너'의 왼쪽에서 '나'의 오른손으로 '너'의 왼손을 잡고 걷는다. 단지 손을 잡는 것만으로도 몸의 균형은 깨어질 수 있다. 그것은 마치 비가 내 왼쪽 몸에는 내리고 오른쪽 몸에는 내리지 않는 것과 같은 느낌일 것이다. "손이 둘로 나뉘는 순간"이다. 이 시는 우리가 누군가의 손을 잡을 때 기왕의 진부한 육체(세계)가 어떻게 다른 육체(세계)로 진입할 수 있는지를 아름답게 보여준다. "육체가 우리에게서 떠나간다./육체가 우리를 쳐다보고 있다." 아직 충분히 알려지지 않은 세계들, '창문'과 '치마'와 '손'으로부터 우리에게 오는 것들, 그것들을 통해 우리를 초대하는 '잠재하는 세계'들, 존재의 일요일에 '잠재하는 삶'을 문득 내 안에서 발견하는 일의 놀라움과 아름다움.

출구──기계적인 것과 해방적인 것

"문명을 기입하듯이 눈을 기입하라"(「시각의 완성」). 이 시집의 마지막 시에서 시인은 마치 이상의 초기 시를 생각나게 하는 어조로 이렇게 적었다. 그리고 이런 구절을 덧붙였다. "눈은 시대를 거스르는 것이다. 눈은 더 커다란 눈에 속해 있다. 눈은 언제나 이 거대한 눈을 바라보는 것이다." 이 시집은 무엇보다도 우리의 눈과 연결되기를 원하는 기계다. 그를 통해 우리는 '잠재적인 것'들의 세계를 열 수 있는 열쇠를 얻는다. "기계는 언제나 하나의 배치, 하나의 영토를 개방하거나 폐쇄하는 특이한 열쇠다. 〔……〕 기계는 모든 배치를 범람하여 우주를 향한 개방을 산출할 수 있다"(질 들뢰즈·펠릭스 가타리, 「1837년: 리토르넬로에 대해」, 『천 개의 고원』, 김재인 옮김, 새물결, p. 635, 번역 수정). 그 유연하고 역동적인 연결을 인위적으로 통제할 수는 없다. 이 글이 통상적인 의미의 '해설'이 되기 어려운 이유가 이것이고, 우리가 지금까지 이 시인의 정교하고 풍요로운 시론들을 거의 참고하지 않은 이유도 이것이다. 이수명의 시를 읽을 때 이수명의 시론에 의존할 필요가 없다는 사실을 확인하기 위해 마지막으로 한 번만 이수명의 시론에 의존하기로 한다.

동서고금을 통하여 시란 무엇인가 하는 질문에 대해 의미 있는 많은 의견들이 존재해왔다 하더라도 시는 항상 무엇인지 모르는 채 쓰이는 것이다. 시가 무엇인지는 말할 것도 없고 한 편의 시가 어떻게 전개되고 완성되어 갈 것인지도 알 수 없는 일이다. 시인 자신도 모른다. 알 수 없음, 이것은 정확하게 표현하면 모르고자 하는 욕망이다. 인지되어왔고, 기성화되었으며, 따라서 예측이 가능한 것을 피하고자 하는 욕망이다. 그것은 놓쳐버리고자 한다. 한 편의 시는 이와 같은 인식 저편의 어둠을 자신의 탄생의 근거로 한다. 미지를 필요로 한다. 물론 이 미지는 저절로 주어지는 것이 아니다. 시를 쓰는 순간에, 시를 모르고자 하는 이 이상한 욕망 속에서 시인은 자신이 알고 있는 많은 지식과 경험과 감각들로부터 해방되기 위한 노력을 하게 되는데, 바로 미지를 얻기 위함이다. 미지를 발견하고, 적극적으로 쟁취하기 위함이다. 이것이 시의 출발이다. (이수명, 앞의 책, p. 45)

충분히 명석하고 아름다운 글이지만 더 짧게 요약하면 다음과 같다. 첫째, 시의 욕망은 무엇인가? 그것은 "모르고자 하는 욕망"이다. 둘째, 시의 목표는 무엇인가? 시는 기지(旣知)로부터 해방되어 미지(未知)에 도달하기 위한 것이다. 나는 "해방"이라는 말에 밑줄을 친다. 시가 인간의 해방에 기여하는 길에는 여러 가지가 있을 것이다. 이 길이 유일하게 올바르다는 주장도, 이 길을 인정할 수 없다며 거부하는 주장도 진실로 '해방적인 것'과는 거리가 멀다. '해방적인 것'으로 가는 올바른 길이 하나뿐이라고 주장하는 사람은 그렇게 말하면서 스스로 자신의 주장을 배반하고 있는 것이다. 역설적이게도 그것은 '해방적인' 것에 대한 '억압적인' 사유이기 때문이다. 혹은 김수영의 말을 변주하면 해방적인 것을 사유하는 일은 그 방식 자체부터가 해방적이어야 하기 때문이다. 이 시인이 택한 길은 여러 길 중 하나일 뿐이되, 오늘날의 한국시에서 가장 완강하게 독자적인 길이어서 소중하다. 그 길은 읽는 이를 '잠재적인 것' 속으로 불러들여 '해방적인 것' 쪽으로 내보내는 길이다. 이 시집은 '최초의 나'가 되어 '최초의 사물'을 볼 준비가 되어 있는 독자들과 연결되기를 기다린다. 그러기 전까지 이 시집은 자기가 무엇인지 모르는데, 그러는 한에서, 이 시집은 세상의 모든 책이다.